ルポ　「トランプ信者」潜入一年

横田増生
Yokota Masuo

小学館新書

謝辞

30年ほど前、極東からアイオワ州にやってきた留学生を家族のように迎えてくれた故・ドロシー・フェリップスさんとその家族に。

※敬称略、年齢や肩書は、取材当時のまま。
※出典については、最後に参考文献一覧として表記する。

ルポ　「トランプ信者」潜入一年

目次

新書版序章

トランプ現象と斎藤現象はつながっていた

大接戦が予想された2024年のアメリカ大統領選挙は、ドナルド・トランプの圧勝で終わり、大統領への返り咲きを果たした。

事前の世論調査では、民主党副大統領のカマラ・ハリスがやや先行していた。それを受け、選挙直前に配信した記事で、私はこう書いた。

「投票日を目前に控えた今、世論調査では、ハリスが一歩リードしている。しかし、まだ勝負の行方は分からない。最後の最後までもつれるだろう。今回の選挙戦で注目すべき州は3つある。1つは、私が20年の大統領選挙を取材するため1年間居を構えたミシガン州。その右隣のペンシルベニア州。ミシガン州の左隣のウィスコンシン州。24年も、この3州が最後まで僅差《きんさ》でもつれ、勝敗のカギを握るだろう」

けれども、その予想は大きく外れた。

トランプはミシガン州を含む3州のみならず、7つある激戦州のすべてで勝利し、獲得した選挙人数は312人（270人で当選）に上った。対するカマラ・ハリスは226人に沈んだ。

トランプが上回ったのは選挙人数だけではなかった。総得票数でも、7700万票超を獲得した。これは前回、トランプが取った7400万票超から票を積み上げただけでなく、カマラ・ハリスの得票数も上回った。共和党の大統領候補者が、総得票数で民主党の候補者を上回るのは20年ぶりのこと。

つまり、これはトランプが大統領選挙で完勝したことを意味する。

私を含むマスコミは、何を読み違えたのだろうか。

それでもアメリカはトランプを選んだ

私が接戦と予想したのは、トランプが大統領在任中に3万回以上のウソをつき、その挙句、20年の選挙では敗北を認めなかったため、5人の死者を出した《連邦議会議事堂襲撃事件》を引き起こしたことが大きく影響していた。

事件当日、議会議事堂前で取材していた私は、暴徒と化した〝トランプ信者〟と警察や

軍隊が正面衝突する修羅場を見て、

「今日、アメリカの民主主義が死んだ」

とノートに書いた。

その後、トランプは議会議事堂襲撃事件に関する「大統領選挙の結果を覆《くつがえ》す手続きを妨害」した罪を含む4つの罪で刑事告訴されている。

バイデン政権下ではインフレが進み、日々の暮らしを直撃し、それが人々の不満となり、カマラ・ハリスへの逆風となっているのは知っていた。その時々の経済状況は、大統領選挙の行方を大きく左右する国民の関心事だ。

だが、民主主義の根幹をなす選挙において、自分が負けたという理由で選挙結果を覆すために〝トランプ信者〟を教唆《きょうさ》して、議会議事堂を襲わせたトランプを再選させることに対し、アメリカ人は最後の最後で自制心を働かせるのではないか、との期待があった。トランプが再選すれば、アメリカ国内政治だけでなく、国際政治においても大きな混乱をきたすことは目に見えている。

それでもアメリカは、トランプを選んだ。

私が取材した〝トランプ信者〟だけでなく、多くのアメリカ人がトランプに今後の4年間を託すことに1票を投じたのだ。これもまた、民主主義の現在地である。

4年前の大統領選挙では、事前の郵便投票が多かったこともあり、メディアが当選確実を打つまでに4日かかった。その間、私は当時住んでいたミシガン州のアパートでテレビに釘付けとなり、息を詰めて開票の行方を見守った。

しかし、24年の大統領選挙の結果は、滞在していた神戸市内のホテルで読む新聞やテレビで情報を追うこととなった。

アメリカ大統領選の投開票日の数日前から始まった兵庫県知事選挙を取材するため、私はホテル住まいをしていたのだった。

大統領選から兵庫県知事選挙へ

兵庫県政の混乱の発端は24年3月にさかのぼる。

元県民局長が、知事である斎藤元彦のパワハラやおねだりなど7つの疑惑を告発する内部文書を報道機関等に送付した。以来、兵庫県政は迷走に迷走を重ねた。

最初で最大の蹉跌《さてつ》は、斎藤元彦が公益通報者保護制度に違反する可能性が極めて高い告発者探しを行ったこと。さらに、記者会見で告発文書の内容は「嘘八百」であり、書いた当事者は「公務員失格」などの強い言葉で非難した。その後、元県民局長が「一死をもって抗議する」というメッセージを残し、自殺とみられる死を遂げた。

それを受け、兵庫県議会は調査特別委員会（百条委）を立ち上げた。だが、そこで、道義的責任を感じているかと問われると、斎藤元彦は、

「道義的責任が何か分からない」

と言い放った。

そのあまりに傲岸不遜《ごうがんふそん》な発言によって不信感を募らせた県議会は、全会一致で不信任案を可決した。それにより斎藤元彦は失職を選ぶことを余儀なくされた。その直後に開かれた兵庫県知事選挙に、斎藤元彦が再選をかけて立候補していたのだ。

事前の情勢調査では、前尼崎市長で知事選に立候補を表明していた稲村和美が当選するだろう、とみられていた。

支持母体であった自民党も日本維新の会も離れていったため、当初は誰も斎藤元彦が当

選するとは思わなかった。その再起をかけた出直し選挙に私は密着取材していた。

孤立無援の斎藤元彦が選挙戦で勝てる可能性が残っているとしたら、ＳＮＳを使った空中戦しかないだろうな、と思っていた私は、告示日前に事務所を訪れ斎藤に話を聞いた。

斎藤元彦インタビュー

私の最大の関心事は、斎藤のネット戦略についてだった。私はこう訊いた。

――今回の選挙戦では、東京都知事選で善戦した石丸伸二のようなＳＮＳを駆使した戦いを目指すのか。

「もちろん、Ｘ（旧ツイッター）やインスタグラム、ユーチューブも使っていきます。確かに、石丸さんの選挙戦はすごいと思いますが、私はＳＮＳよりも、街頭演説で１人でも多くの県民に直接訴えていきたい」

――ネットには、クラウドソーシング企業のクラウドワークスが、斎藤の動画の作成を１本当たり１５００円で募集しているという広告が残っていることを知っているのか。

「私がそういう募集にかかわったことは一切ありません。クラウドなんとか、という企業名さえも知りません。もちろん、私がお金を支払ったということもない。正直言って、何のことなのか、見当もつきません」（斎藤）

この時点で、斎藤は明確なネット戦略を持ち合わせていなかった。それならこの選挙は、戦う前から、斎藤の敗北が確定しているように思えた。

しかし、トランプの圧勝を読み切れなかったように、結果的に私は、斎藤の再選も予測できなかったことになる。

県知事選の初日、斎藤の出陣式の直後に、斎藤を支持するという50代の会社経営者の男性の話を聞くと、わずかながら斎藤が勝利する道筋が見えてきた。

神戸市在住の内山淑登《よしと》（51）はこう話した。

「最初のころはテレビが報道する、パワハラやおねだりを鵜呑《うの》みにして、斎藤って最悪な奴やな、と思っていました。けれど、全国ネットのテレビまでが斎藤さんを叩くようになって、集団いじめのようになってきた。テレビがここまで叩くのはおかしいな、と思って調べだしたんです」

百条委で斎藤を責め立てた県議たちのXの投稿を追うと、「えげつない」ほど斎藤を攻撃していることを知り、その反発心から斎藤を応援する気持ちが芽生えてきた。

内山の主な情報源はXやユーチューブといったSNSであり、新聞は購読しておらず、「テレビは1ミリたりとも信用していない」と語った。

喫茶店で1時間ほど話を聞きながら、目の前の内山と二重写しとなったのは、4年前にトランプの落選が確定した後でも、その当選を信じて疑わないと言う50代の白人男性だった。

闇の政府＝ディープステイト

ミシガン州に住むマイク・ピニュースキー（52）は、「トランプを110％支援する」と言い、「この選挙は民主党と中国共産党によって盗まれた」と私に語った。

「民主党と中国共産党がグルになって、アメリカの行く手を阻《はば》んでいるのは明らかだ。どこからの情報かって？　ユーチューブやフェイスブックで探せば、いくらでも情報は見つかる。共和党は〝闇の政府《ディープステイト》〟に支配されているんだ。それは、今に始まったことじゃない。（2001年に起きた）9・11の同時多発テロも、当時の政権が国民を支配しやすくするために仕組まれたんだ」

私が、当時はトランプと同じ共和党政権のジョージ・W・ブッシュが大統領であったことを指摘しても、

「そうさ、ブッシュもディープステイトの一員だったし、トランプに散々歯向かったジョン・マケイン（2008年の共和党大統領候補、2018年没）も、同じだ。トランプはこの4年間、ディープステイトという悪魔のような存在からアメリカを守るために戦ってきたし、その戦いはあと4年続くべきなんだ」

という答えが返ってきた。

トランプ信者も斎藤応援団も、既存のメディアに不信感を抱き、ネットで〝真実〟を探すうちに〝覚醒〟した点で一致する。その後に話を聞いた斎藤応援団のほとんどがテレビや新聞などの既存メディアを信じず、敵意に近い悪感情を抱いていたことが強く印象に残った。

そこには、トランプ信者がトランプに盾突くマスコミをフェイクニュース呼ばわりするのと同種のメンタリティーがあった。斎藤応援団にとって大切なのは、事実よりも、たと

えフェイクであったとしても自分が信じたいと思う情報だった。

私が20年のアメリカ大統領選挙を取材する際、トランプ自身もおもしろいが、トランプの支持者はそれ以上に興味深い、と考えたように、斎藤応援団も十分に取材の対象になる、と思った。

トランプ信者と瓜二つ

2週間強という短い選挙戦の間、ネットで〝真実〟に気づき、斎藤元彦を応援するようになった人が、坂道を転がり落ちる雪だるまのように急増した。当初、数十人しか集まらなかった街頭演説の聴衆は、投票日前日までには軽く1000人を超えるまでに膨らんだ。

今回の勝因は、「斎藤vs.既得権益」という構図を作り上げ、〝巨悪〟に戦いを挑む孤独な男の復活劇という物語を作り上げたことにあった。斎藤が〝悲劇のヒーロー〟であるという言説がSNS上で拡散されたことで、多くの人の心を揺さぶり、鷲掴《わしづか》みにした。

斎藤は街頭演説で、「たった1人で始めた選挙戦だったんです」と語った。「最初に駅立ちをしたときは、本当に怖かったんです。石を投げられるんじゃないか、殴られるんじゃないか、と思っていました。県議会からも、職員組合からも、マスコミからも、副知事からも辞めろ、辞めろ辞めろのオンパレードでした。しかし、そんな声には絶対に負けるわけにはいかないいんです。県政改革を止めるわけにはいかないんです」と、繰り返し語った。

最終日の街頭演説には、斎藤が話をする間、ハンカチで何度も目頭を押さえながら聞き入っていた初老の女性がいた。私の視線は、涙を流しながら演説に聞き入るその女性に釘付けとなった。

今回の県知事選挙によって兵庫県が、阪神大震災以来といわれる大きな注目を集めるようになった背景には、《NHKから国民を守る党》の党首である立花孝志が、斎藤元彦を応援するために知事選に立候補したことがあった。

立花は、斎藤元彦の街頭演説の前後について回り、斎藤はパワハラしていない、元県民局長の死亡は自らの醜聞が暴かれるのを苦にした結果である、などの真偽不明な言説を繰り返し、さらにネット上で拡散することで斎藤の当選を後押しした。

加古川市に住む高見充《みつる》（52）はこう話した。

「立花さんのユーチューブを見て、テレビがウソをついていたことが分かりました。自分がどれだけ洗脳されていたかに気付いたんです。立花さんが立候補していなかったら、稲村和美さんに入れていました。立花さんは5～6年前からずっとフォローしていて、100％信用しています」

そう答えたのは高見1人にとどまらなかった。選挙期間中に取材した人で、立花孝志の発信する情報をまったく知らないと答えたのは、1人だけだった。大多数の斎藤支持者は、立花の撒《ま》き散らす無責任な言動の中に〝真実〟を見つけ出し、斎藤を応援したのだ。

けれども、選挙戦が終わると、立花孝志は、「斎藤さんはパワハラしていました」と前言を翻《ひるがえ》し、元県民局長のプライベートな問題の核心部分についても、話を二転三転させた。

そんな立花孝志と斎藤元彦が二人羽織のような選挙を行ったことで、日本にも〝トランプ現象〟が起こりつつあるのを目の当たりにした。

投開票日の午後8時、まさかの〝ゼロ打ち〟で、メディアが斎藤元彦の当選確実を伝えると、事務所前に集まった数百人の応援団からは大きな歓声と斎藤コールが沸き起こった。

斎藤コールの間には、「マスコミの負けや！」、「（マスコミは斎藤に）謝れ！」という声も挟まった。

斎藤元彦が勝利宣言のために事務所前に姿を現すと、多くの支持者がスマートフォンを高く掲げ、斎藤の勇姿を記録しようとした。その様子は、10日ほど前にトランプが当選を果たした夜のトランプ信者の姿と瓜二つだった。

ウソと虚飾にまみれた兵庫県知事選は、まさかの逆転劇で幕を閉じ、斎藤元彦が再選を果たした。

4年前には、ともすれば対岸の火事かとも思えたトランプ現象が、日本に上陸した日として、さらには日本の政治の分水嶺《ぶんすいれい》となった選挙戦として長く記憶されることになるかもしれない。そう思いながら、私は神戸での取材を終えた。

そもそも、トランプがアメリカで巻き起こした〝トランプ現象〟とは、何だったか。その成り立ちや特徴を理解するため、プロローグでは2021年1月に起こり、アメリカ史の汚点として残る〈連邦議会議事堂襲撃事件〉から書き始めよう。

プロローグ

アメリカの民主主義が死んだ日

2021年1月6日。

場所は、ワシントンDCの連邦議会議事堂。

天気は曇り空。

気温は5℃。

海に近い街に特有な重たい雲が空を覆いつくす。曇り空ながら、この日、雨は一滴も落ちてこなかった。

1年にわたり中西部のミシガン州に居を構えて大統領選挙を取材していた私には、湿気を含んだ東京のような冬空が懐かしく感じられた。

連邦議事堂前には、1月20日に行われる新大統領就任式のため、高さ5メートルほどの鉄筋で組まれた足場に加え、左右に即席の観覧席が設けられていた。それを埋め尽くしていたのは、目測で1000人を超す〝トランプ信者〟だった。身動きも取れないほどぎっちりと詰まっていた。

この日は午後1時から、連邦議事堂で、上院下院の合同会議が開かれ、大統領選挙の各州選挙人団の票を集計して、次期大統領にジョー・バイデンの就任を認定するはずだった。〝トランプ信者〟たちは、その会議の議事進行を阻止するために集まっていた。

剝き出しの憎悪と暴力

私が連邦議事堂に到着したのは、午後3時過ぎのこと。

防弾チョッキを着た私の目の前で、連邦議事堂を守ろうとする警官と、暴徒と化した〝トランプ信者〟が、文字通り火花を散らしてぶつかりあっている。

私は、議事堂西側の2階にある、就任式で新大統領が出てくる門の前に陣取り、取材していた。

議事堂周辺では、これまで何度も見てきたドナルド・トランプの支援者集会のように、「トランプ 2020」や「アメリカを再び偉大に！（Make America Great Again! = MAGA）」、「アメリカを偉大なままに！（Keep America Great!）」などと書かれた旗が舞っていた。

特攻精神にあふれた〝トランプ信者〟たちが、2、3人ほどが通れるほどの中央の門から内部へと侵入するため突進を繰り返した。〝トランプ信者〟たちは、警官に向けてペットボトルや飲料水の缶、木切れなどを投げつける。さらに、星条旗の棒やフェンスの残骸、警官から奪いとったと思われる盾を使って、警官を殴打する。

信者の多くは、赤のMAGAの帽子を被り、「選挙を盗むな！」というプラカードを掲げる。

対峙するのは、州兵と軍隊並みにフル装備した警官で、暴徒が議事堂内に入ろうとするのを全力で阻止する。警官は、催涙スプレーやテーザー銃などを使い、〝トランプ信者〟たちを追い払う。その力関係は、五分五分といったところか。

2階の正門が衝突の中心点となっていたが、正門から2、3メートル北側に離れた窓は、すでに暴徒によって破壊されていた。

私は割れた窓から内部に入ろうかとも考えた。だが、すでに警察ばかりか、州兵までもが投入されていたこの時点で内部に足を踏み入れれば、五体満足で出ては来られないかもしれない、とあきらめた。

入り口からの人と人がぶつかる音に加え、トランプ信者の発する奇声や呻吟《しんぎん》が聞こえてきた。

「選挙を盗むな！」

「トランプ！　トランプ！　トランプ！」

「裏切り行為だ！」

「ＵＳＡ！　ＵＳＡ！　ＵＳＡ！」

トランプ信者たちが叫ぶいくつもの怒声が、首都の虚空に吸い込まれていった。

連邦議事堂に集まった暴徒たちは嗔怒《しんぬ》に震えていた。その突進する力は、彼らの怒りと比例して大きくなった。

私は、これほど剝《む》き出しの憎悪と暴力がぶつかり合うのを、これまでに見たことがなかった。

彼らは、２０２０年の大統領選挙で大規模な不正が行われた、と心から信じていた。トランプの再選が妨害され、ジョー・バイデンが不正に操作された選挙で新大統領に就任しようとしている、と疑ってなかったのだ。

支持者から信者へ

《連邦議会議事堂襲撃事件》と呼ばれるようになるこの日の事件は、分断を煽《あお》り、混沌を作り出した4年間の〝トランプ現象〟の当然の帰結だった。

トランプはあらゆる場面で、自分の味方と敵に分け、味方を絶賛し、敵を扱《こ》き下ろした。その最たるものが、主要メディアへの対応だ。トランプに敵対する論調を張るメディアを「フェイクニュース」として罵倒し続けた。ニュースそのものが、フェイクであるのか、事実であるのかは関係ない。自分に盾突くメディアは何であれ、フェイクニュースと呼んだ。

支援者集会では必ず、メディア席を指さし、「あそこにフェイクニュースのヤツらがいるぞ」とけしかけると、聴衆がメディア席にブーイングを浴びせるのは、お約束となっていた。

トランプが「フェイクニュース」と連呼する時、それを見ている国民も、その都度、決断を迫られる。これは、本当にフェイクニュースなのだろうか、それとも、事実に即した報道なのだろうか、と。それが何度も積み重なり、そこから分断と混沌が生まれた。

トランプは、トランプが語ることならなんでも信じたいという鉄板支持層を開拓することに成功した。その中心となったのが、近い将来、人口比では少数派に転落することを不安視した白人層だった。

トランプは、そうした白人層にこう言って不安を煽る。

「黒人やヒスパニック系の移民を野放しにしていると、お前たちが住んでいる住宅地の治安が悪化するぞ。それでもいいのか」

トランプとは、これまでの４年間、分断と混沌が作り出した対立軸という細いロープの上を歩く曲芸師のように、絶妙なバランスを取りながら政権運営をしてきた稀有《けう》な政治家だと言うこともできる。

トランプ支持者は、20年11月の大統領選挙で負けが明らかになった後でも、選挙に勝ったと言い張るトランプを信じて、付き従ってきた。トランプ敗北後の２カ月で、トランプ支持者は、トランプの言うことをすべて飲み込むように信じる〝トランプ信者〟へと変わっていった。

教祖様のお出まし

1月6日の集まりは当初、〝トランプ信者〟たちによる私的な集会となるはずだった。だが、前日の夕方、トランプが、翌日は俺が演説する、という投稿をツイッターに上げた。「明日午前11時に登壇する。開場は午前7時からだ。大きな集会になるぞ！」

私は、ちょうどこの時、ホワイトハウスの近くでトランプ信者を取材していたが、集まった信者たちから大きな歓声が起きた。

教祖様のお出ましである。

これでトランプ信者が俄然《がぜん》活気づいた。

翌朝は、夜明け前からホワイトハウス周辺に信者が集まり始めた。ホワイトハウスと通りを挟んだホテルに泊まっていた私も、彼らに交じり、ホワイトハウスの南側にある芝生広場で、トランプの出番を待った。

前座として、トランプを応援する下院議員や、顧問弁護士である元ニューヨーク市長のルディ・ジュリアーニ、息子のトランプ・ジュニアなどの演説があり、11時からはトランプ待ち。

トランプが壇上に姿を現したのは、その1時間後の正午のこと。トランプがもったいぶって遅れて演壇に姿を現すのはいつものことだ。

すべてが急ごしらえであり、数万人がひしめき合っているので、トランプの生《なま》の姿を見ることはできないのはもちろん、トランプを映すスクリーンも遠くにある1カ所だけ。音響設備も十分ではなく、トランプが何をしゃべっているのかも聞き取りづらい。

トランプはこの日も選挙で大規模な不正が行われたというウソを繰り返す。

「選挙が盗まれた時、俺達は決してあきらめてはいけないし、敗北を宣言することもない」

と。

この日、トランプがついたもう1つのウソは、憲法が副大統領のマイク・ペンスに選挙結果を覆す権限を与えている、というもの。

トランプは演説でこう語った。

「ペンスがすべきことは、大統領選挙の結果を見直すために、各州に選挙結果を差し戻すだけでいい。マイク・ペンスが憲法を堅持すれば、それがアメリカのためになる」

しかし、合衆国憲法が副大統領に与えた権限とは、議会の議事進行だけであり、選挙結果をひっくり返したり、州政府に差し戻したりする権限は与えていなかった。

演説の最後にトランプは、

「今は、連邦議会が民主主義に対するこの破廉恥《はれんち》な攻撃に立ち向かう時だ。この演説が終わったら、連邦議事堂に行進していこう。俺もその行進に加わろう。勇敢な連邦議会の議員たちを応援するためにだ。皆は力強さを見せなければならない。強くないといけないんだ」

と言って信者たちを扇動した。

「選挙は盗まれた」

トランプが午後1時過ぎに演説を終えると、私はいったん行進から離れホテルに戻った。事態がどう動くのかを見極めるため、テレビでニュースを見る必要があった。これだけ大人数が1カ所に集まると、携帯電話のネットは不通となり、テレビを見る以外に事態の全体像を把握する手段がなくなる。

はじめは、政治専門のケーブルテレビだけが連邦議事堂での会議の行方を中継していた。つまり、その時点では、事の推移にほとんどだれも関心を払っていなかった。

しかし、2時すぎにニューヨーク・タイムズ紙のネット版が、暴徒が連邦議事堂内に入ったという速報を打ち、議会での審議が一時休会となると、急速に風向きが変わっていった。

凶事はいつも、秒単位で変化していく。

連邦議事堂周辺が大荒れになっていくのを知り、私は急いで議事堂に向かった。周辺の道が閉鎖されていたのでタクシーをつかまえることもできず、約4キロの道程《みちのり》を歩いて行くしかなかった。

到着した議事堂周辺の雰囲気を表すとしたら、パニック状態という言葉では不十分だった。狂気と殺気をはらんだ狂乱状態といったところか。その狂気と殺気は、ウイルスのように空気感染で〝トランプ信者〟に広まっていた。

そこで目にしたのは、アメリカの言論の府である連邦議事堂を、民衆が襲撃するという事態だった。

最初に話を聞いたのは、コネチカット州で弁護士として働いている白人女性のエリン・チャン（45）だった。「トランプ」の刺繡《ししゅう》が入った黒のマスクを着け、黒い毛糸の帽子を被り、その帽子には「アンティファなんてクソくらえ。ヤツらはテロリスト集団、犯罪者集団。やられたらやり返せ」と書かれている。アンティファとは、トランプが再三、槍玉《やりだま》に挙げた〝極左の暴力集団〟のことだ。

そのチャンはこう話す。

「大統領はたった1人でアメリカ政治から腐敗を一掃しようとしているのよ。ペンスもミッチ・マコネル（共和党上院院内総務）も、トランプを裏切った。私たちが助けなくて誰が大統領を助けることができるの？」

スコットランドの民族衣装に身を包み、ホーンパイプを吹いていたのは、テキサス州から車でやってきたスコット・マクドナルド（60）。不動産会社で働くこの男性は、私が日本から来たジャーナリストだと告げると、「はじめまして」と日本語で話しかけてきた。

普段なら「日本語がしゃべれるんですね」と切り返すところだが、殺伐とした雰囲気に気圧《けお》され、普段通りに会話ができない。

どうして連邦議事堂に来たのかと私が尋ねると、

「トランプが大統領に選ばれるのを応援するためさ。この選挙は盗まれたんだから、今日の会議では、ペンスがトランプを大統領に認定するべきなんだ」

との答えが返ってきた。

西海岸から飛行機に乗ってきたブレット（52）は、両腕をVの字に空につき上げ、「フリーダム！」と何度も叫んだ。

3時58分。トランプ信者が一斉にアメリカ国歌を歌い始める。続いて『ゴッド・ブレス・アメリカ』の大合唱。

催涙スプレーを浴びた

4時過ぎると、警察の押し返しが強くなる。

建物の中で大量の催涙スプレーを浴び、外に出てペットボトルの水で目を洗い流す男性がいた。立ったまま1本のペットボトルを目にかけたため、全身が水浸しとなった40代のその男性は、私が彼の写真を撮っていることに気づき、左手の親指を立てた。

その男性が着ていたTシャツには、後光に照らされたマリアが、生まれたばかりのイエスを抱いている絵が描いてあり、「Ｄｅｕｓ　Ｖｕｌｔ」の文字があった。ラテン語で「神これを欲したもう」という意味で、十字軍のスローガン。

神がこの襲撃を望んでいる、という意味ですか、と私が問えば、

「その通りだ。神の御心《みこころ》だ」

との言葉が返ってきた。

4時23分。群衆を排除するため、警官が大量の催涙スプレーを撒いた。周りの人と一緒にそれを浴びる。私は、目が開けていられないぐらい目が痛み、涙が流れ、咳が何度も出た。

「息ができない！」

と、みんなが声を合わせて叫ぶ。

この「息ができない！」は、前年の春、ミネソタ州ミネアポリスで、黒人男性のジョージ・フロイドが白人警官に殺される直前に口にした命乞いの言葉だった。それを、ほぼ白人ばかりのトランプ信者が真似するように唱和する。なんと皮肉なことだろう。

連邦議事堂前で催涙スプレーを水で洗い流す男

4時27分。割れた窓から転げ落ちるように逃げてきた30代の白人女性が、

「建物の中で女性が撃たれて亡くなったわ。ここにいたら危ないから、みんな逃げるのよ！」

と言い置いて、走り去った。

4年前、選挙で大統領に選ばれながら、自分が選挙で負けると、選挙の結果を全否定し、自らの信者たちに暴力を煽り立てるトランプの姿は、民主主義からは一番遠いところにあった。

これは現職大統領が企てたクーデターなのだ。

この騒乱の中に身を置きながら、私はノー

トにこう走り書きした。

「今日、アメリカの民主主義が死んだ」と。

4時49分のことだった。


「ここは天安門じゃないんだぞ」


この前後から、警察が何発もの閃光弾を撃って、群衆を追い払おうとする。爆弾が爆発するような轟音《ごうおん》とともに大量の白煙が何度も上がる。

それに負けじと、群衆が「USA！　USA！」と声を合わせる。

5時2分。警官が入り口から放った閃光弾が破裂する。

その直後に、大量の催涙スプレーが散布された。その場に居合わせた100人近い人が全員呼吸できず、視界が奪われるほどの量だった。

入り口を取り囲んでいた群衆が、階下に降りる階段に殺到する。2人がすれ違うのがやっとという狭い階段を、人びとが押し合いへし合いして降りていく。階段の上から飛び降りてくる人も、数人見た。ここでつまずいて、将棋倒しにでもなったら、踏み殺されるかもしれないという恐怖が襲ってきた。

どうにか階段を下りた私は、吐き気がしそうなほどひどくせき込み、視界が極端に狭まり、涙が止まらなくなった。

地面にへたり込んでいると、数人からの「大丈夫か」、「パニックになるなよ」、「呼吸を続けるんだ」という声とともに、背中を軽くたたく手があった。

私が大丈夫だと手を振ると、周りの人びとが徐々に去って行った。

次にノートに文字を書いたのは5時15分。

「警察が制圧か」

私はその後、連邦議事堂から20メートルほど離れ、事の行方を見守った。

日没となり、あたりに夜の帳《とばり》が降りてくる。

5時半を過ぎたあたりから、警官が10人、20人と隊列を組んで、警棒を前面に押し出しながら、暴徒を議事堂から遠ざけていく。警官は一列になり、トランプ信者を連邦議事堂から遠ざけていった。

「ここは天安門じゃないんだぞ！　中国共産党《CCP》の回し者め！」

と白人男性が叫んだ。

「白人の特権が打ちのめされたんだ！」

と別の男性が吠えた。

フロリダ州から来た白人男性のマイケル・エバンス（55）は、こう言った。

「警察はいつも《黒人の命も大事（Black lives matter＝ＢＬＭ）》運動の味方なんだ。ＢＬＭのメンバーなら警官の顔に唾を吐きかけても、おとがめなしさ。警官は白人を敵視しているんだ」

私は、それは事実とは異なる、と言いたかったが、その気力が残っていなかった。

ワシントンＤＣの市長が急遽《きゅうきょ》発令した外出禁止命令の午後6時が過ぎるまで、私は事の推移を見守ったが、連邦議事堂周辺ではこれ以上何も起こりそうになかった。

警官の人数がそろって、本気で追い払おうとすれば、民間人が抵抗する術《すべ》はない。

トランプ信者全員が連邦議事堂内外から追い払われたのを十分に確認して、連邦議事堂内では、合同会議で選挙人の集計作業が再開された。

午後9時のことだった。

紆《う》余《よ》曲《きょく》折《せつ》を経て、翌7日午前4時、議会が選挙人を集計した結果、ジョー・バイデンが第46代大統領になることが認定された。

第1章では、時計の針を２０２０年1月に戻し、私がこの大統領選挙で初めて話を聞いたトランプ支持者たちについて描写する。

第1章

トランプ劇場に魅せられて

トランプが見たい。

その思いが日に日に強くなってきた。

アメリカの中西部ミシガン州にアパートを借りて1カ月近くがたっていた。

その間、民主党の予備選挙の候補者たちを取材して回った。２月に初戦のアイオワ州での党員集会を控えた候補者たちは、年末年始もなく駆けずり回っていた。だが、本命のトランプは休暇モードに入っており、選挙活動で目立った動きはない。

私が、アメリカに到着したのは19年12月中旬。

今回の取材では、全米を回り正攻法で大統領選挙を取材するのと並行して、ミシガンに軸足を置き、共和党のボランティアとして戸別訪問をすることでトランプ支持者の実像に迫ろうと考えた。

州都ランシングにある共和党の事務所に私が初めて足を運ぶのは、年が明けた1月下旬のことになる。アメリカ中西部の田舎街であるランシングは、数センチの雪で覆われており、路肩には除雪車によってかき集められた雪が積まれていた。共和党の事務所に足を踏み入れるのは初めてのこと。

潜入取材で大切なこと

1年にわたるアメリカの取材拠点を探すため、ネットで下調べをしていた時、この共和党の事務所の存在を知り、その位置を確認していた。

ボランティアに応募するまでに1カ月以上かかったのは、身分証明書となる運転免許証を取るのに時間がかかったからだ。実技試験に落ちたり、アメリカで運転できるよう度の強いメガネを作ったりして、州政府から免許証が送られてくるのを待ったりしたからだ。

パスポートを使うという手もあったが、私のパスポートには5年間有効のジャーナリストビザが貼られている。それに気づかれる心配はほとんどないと思ったが、念には念を入れ、運転免許証が取れるまで待った。運転免許証さえ手に入れれば、応募の際に怪しまれる可能性は大幅に減るからだ。

潜入取材で最も大切なのは入り口である。ユニクロの店舗やアマゾンの物流センターに潜入しようと思ったら、アルバイトとして雇われなければならない。今回なら、ボランティアとして登録する時点。ここでヘタを打てば、潜入取材が頓挫《とんざ》しかねない。

とくに、トランプは16年の大統領選挙において、選挙スタッフが秘密保持契約を破ってマスコミに情報をリークした契約違反で、賠償金１０００万ドルで訴えたという記事を事前に読んでいた。雇ってもらいたいがあまりに私がウソをついて、後で面倒に巻き込まれるのは避けたかった。

私は本拠地をミシガンとしたが、なぜミシガンだったのか。

それは、トランプが16年の選挙で、０・３ポイントという大統領選史上において最小の得票差で勝利を収めた州だったからだ。同州での総投票者数が４８０万人超に対し、勝ったトランプと負けたヒラリー・クリントンの得票差は約1万票という大接戦だった。

大都市デトロイトを抱えるミシガンは、民主党の地盤だった。16年以前に、民主党の大統領候補がミシガンで負けたのは、80年代にまでさかのぼる必要がある。クリントンが大統領となった92年以降の大統領選挙から、ミシガンは赤の共和党の侵略を妨げる〝ブルーウォール〟と位置付けられてきた。16年には、トランプがその壁を切り崩し、大統領の座を手に入れた。

トランプが再選するには、ミシガンを死守する必要があった。逆に、民主党の候補者が大統領になるには、是が非でもミシガンを奪還する必要があった。20年の選挙でも、ミシガンが最重要州の一つになるだろう、というのが私の読みだった。

ボランティアの活動が本格化するのは、雪が解けた3月に入ってからだという。

それまで、私はトランプやその支持者を追いかけることにした。

いざ支援者集会へ

その間、毎日のようにトランプの姿をテレビで見て、その動向を新聞記事などで追ったが、しかし、生《なま》でトランプが見たいと思い続けた。

どうしても、この本の主役となるトランプを見たい――。

とはいえ、首都ワシントンDCに住んでいるわけでもない。仮にワシントンDCに行ったとしても、ホワイトハウスに自由に出入りができる記者証があるわけでもない。

ネットやテレビでその動静を追っていると、トランプが1月9日、オハイオ州北部のトレドで支援者集会を開くことを知った。トランプがその選挙活動の中軸に据え、何千人もの支持者を集めて開く集会だ。

雑誌ニューヨーカー誌は、「支援者集会は、トランプの人生と政治活動で特別な役割を果たしている。そこは、トランプと支持者の結びつきの伝説が生まれる場所なのだ」と書いている。

20年に入ってから最初の支援者集会の場所に選ばれたのが、ミシガンの隣州オハイオだ。トレドは、私が住むランシングから車を2時間ほど走らせれば到着する距離にある。翌週にも、ウィスコンシン州ミルウォーキーで支援者集会を開くという。こちらは5時間ほどで到着する。

熱烈な支持者に交じってトランプの演説を聞くのもおもしろい。そう思って、トランプの選挙用ウェブサイトから参加を申し込むと、返信がきた。

「当日の開場は午後3時ですが、それより早めに到着されることを強く勧めます。遅くやってくると入場できなくなる場合もあるので注意してください」

と、書いてある。

集会前夜からテントを張り、入場の順番待ちをする熱狂的な支持者がいることを聞いていた私は、その人たちの話も聞きたいと思っていたので、前日から泊まるホテルを予約した。

私がトレドに出発したのは前日8日の午後2時ごろ。気温は1℃。

トレドは、中西部のいわゆる《ラストベルト（さびついた工業地帯）》に位置し、大統領選の激戦州の1つとなるオハイオの工業地帯の一角を占める。街の愛称は、ガラスの都市。80年代までは、窓ガラスや飲料水のボトル、車のフロントガラスなどの生産地として栄えた。

しかし、おおかたの田舎街のご多分に漏れず、90年代以降は、経済のグローバル化の波に飲まれ、街の人口は2000年の31万人強から2019年時点で27万人へと緩やかに、だが確実に減り続けている。その間、アメリカ全体の人口は増えているのだから、置き去りにされた街といえよう。

街に近づくと、工場の煙突から炎と煙が上がっているのが目に入ってくる。集会が開かれるダウンタウンにある多目的アリーナの周りは、人通りも少なく、飲食店もほとんどない。時流に乗りそこねたわびしさが漂う。

アメリカ第一主義を掲げて大統領に当選したトランプが、就任演説で、「これまで政治から忘れられてきた男性や女性たちよ、今後、あなたたちが忘れられることはない。〈中略〉これからは全力であなたたちのために闘い、決してあなたたちの期待を裏切らない」と、語りかけた人たちが多く住む街である。

大統領選挙では1964年以降、オハイオ州を制した候補者が大統領になっている。オハイオを落として大統領になった共和党候補は1人もいない。

16年の選挙で、ミシガンと並んでここオハイオが、4年前の民主党支持から共和党支持に変わったことが、トランプの勝利へとつながった。トランプが、20年最初の支援者集会の地にオハイオ州を選んだのも、ぜひとも同州を手に入れたい、という思いからだ。

「ほかの政治家とは違い、必ず約束を守る」

トレドに到着した私がいったんホテルに荷物を置き、会場に来たのは、午後6時すぎ。

トランプの私設応援団長のロブ・コーティスの車両「TRUMP UNITY」

すでに、警備のための警察車両や、マスコミが集まっているのが見える。

ひときわ目立ったのは、会場の真ん前の駐車場にピックアップトラックを停め、その後ろに、「TRUMP UNITY」という文字を載せた15メートルほどのトレーラーを積んで、大音量で『Y・M・C・A』のメロディーにトランプを称賛する歌詞をのせた音楽を流していた男性だ。静まったダウンタウンが、目を覚ましそうな音量だった。男性は眼鏡をかけて、「トランプ　2020」の文字が入った毛糸の帽子を被っていた。

いったい何をしているんですか？　と、思わず声をかけずにはいられなかった。

男性の名前は、ロブ・コーティス(54)。映画のPR会社を早期退職し、16年から、勝手連としてトランプを応援しているのだという。

「住んでいるのはミシガン州のデトロイト郊外だよ。そこから、このトラックで、ハワイとアラスカを除く本土全48州を回り、トランプを応援しているんだ。これまで2万6000マイル(4万1600キロ)を走った」

――なぜそんなことをしているのですか。

「大統領の前向きなメッセージを伝えて、アメリカを勇気づけようとしているんだよ。トランプはもともと政治家じゃないだろう。不動産業で大成功したビジネスマンだ。その経営者のセンスを活かして、アメリカという国の舵《かじ》取りをしてほしいのさ。それに、彼の語る家族を大切にする価値観も大好きだ。運動資金は支援者からの寄付金だ。10万ドル以上が寄付で集まったし、自分自身のお金も使っている」

――トランプのどこが好きですか。

「大統領の言っていることは、いつも筋が通っている。それにほかの政治家とは違い、必ず約束を守るだろう」

――トランプの選挙公約の1つに、海外での戦線を拡大しないというのがありました。けれど、数日前に、アメリカ軍がイランの軍司令官ソレイマニを殺害したため、アメリカとイランは今、戦争の瀬戸際にあるとも報道されています。

「それはフェイクニュースだ。イランへの攻撃は、残酷なテロリストに対してきちんと対応しただけだよ。戦争なんかにはならないって、大統領自身が言っているじゃないか。それに、健康保険制度も見直しているし、退役軍人への保護も手厚くしている。女性だってちゃんと尊敬している。大統領は中絶を認めない生命尊重派《プロライフ》の立場だ。オレ自身、クリスチャンだから、そこは譲れないポイントだな」

生命尊重派という言葉は、大統領選挙に限らず、アメリカで生活していると必ず出くわす言葉だ。反対に中絶を肯定する立場は中絶擁護派《プロチョイス》と呼ばれる。日本では想像しづらいが、中絶を容認するか否かは、アメリカでは大きな政治問題の1つだ。大きく分けると、共和党が生命尊重派で、民主党が中絶擁護派の立場をとる。

トランプは昨年19年末、下院で歴史上3人目の弾劾を受けた大統領となりました、と私が尋ねると、相手の表情が険しくなるのが分かった。

「それもフェイクニュースに決まっているじゃないか！　たとえば、オレがあんたのことを気に入らないっていう理由で弾劾することもできるんだぜ。それをあんたなら受け入れるのかい。あれは民主党の一方的な弾劾であって、そんなことには、なんの意味もないね」

トランプにぞっこん入れ込んでいるコーティスに訊いてみた。トランプに不満な点はないのか、と。

「そうだな。ヒラリー・クリントンやジョー・バイデン、（民主党の大物上院議員の）チャック・シューマーを、まだ監獄に送っていないことかな」

冗談かと思って相手の顔を覗き込むが、目は笑っていない。

いったい何の罪で彼らを監獄に送れるというのか、と訊きたかったが、なんせ流れている『Y・M・C・A』のボリュームが大きすぎて、これ以上会話を続けるのが難しかった。

この最初に話を聞いたコーティスとは、そのあとも何度も顔を合わせる。同じようにトランプを追いかけているのだから、広いアメリカであっても、不思議なことではなかった。

「思ったことを思ったように口にできる勇気」

その後、会場の入り口付近で待っている人びとがいるところに移った。簡易テントや寝袋などを持ち込んで順番待ちをしていたのは10人強。

夫婦で列の一番前に折り畳み式の椅子を置いて座っていた女性に声をかけた。

女性の名前はオータム・レンズ（39）。

「ここから20マイルほど南にある町からきたわ。私はその町の共和党の委員会に所属しているの。トランプ大統領の集会に来るのはこれで3回目。1回目と2回目は、16年だったわ。大統領が大好きな理由は、彼なら他人を怒らせるようなことでも、躊躇《ちゅうちょ》なく口にすることができるでしょう。ほかの政治家は、政治的に正しいかどうかなんて細かいことばかりを気にするけれど、彼にはそんなところはない。思ったことを思ったように口にできる、勇気がある大統領なのよ。体裁を気にした発言はしないわ」

——女性蔑視と思われるような発言も少なくありません。

「それは気にならないわ。男性はしょせん男性だもの」

――とはいえ、大統領には一般の人よりも高い倫理観が求められるのではないですか。

「そんなことを言い出したら、大統領になれる人なんていないんじゃないの。ジョン・F・ケネディだって、トランプとは比べ物にならないくらい女性関係は派手だったというでしょう」

彼女の次の言葉を聞いて、私は意表を突かれた。

「18歳から約20年間、私はずっと福祉のお世話になってきたの。去年の春、工場の仕事を見つけるまではね。10月からは、ここから歩いて数分のスターバックスで働いているの。どっちが好きかって？ そりゃ、スターバックスよ。だって、私はコーヒーが大好きだし、そのコーヒーのお店で働くんだから。これもトランプ大統領のおかげで景気が上向いたからだ、と感謝しているわ」

長年福祉に頼るほど困窮している人は、民主党を支持する傾向が強い。民主党は、フランクリン・D・ルーズベルト大統領以降、社会的弱者の味方の旗を鮮明に掲げてきたからだ。なぜ、彼女は共和党員なのだろう。

「最近、再婚するまで、私1人で子ども5人を育てる間、どうしても福祉に頼る必要があったわ。でも、自分の生活費は自分で稼ぎたいじゃない。それがアメリカって国でしょう。自分のことは自分で面倒みるっていうことが」

うーん、なるほど。

たしかに誰にも頼らないという姿勢が、アメリカ人の生活の根幹にある。誰かに頼るということは、この国では弱さや甘えとして見下されがちである。20年近くも福祉に頼りながら、そこから脱却したいと願い、それを果たしたというのはアメリカ人らしいな、と感じた。

不人気と熱狂的支持

まだ、いろいろな人の話を聞きたかったのだが、私の防寒着があまりにも貧弱すぎて、氷点下の寒風の中では、ペンを持つ手が震えた。ノートに文字を書くのさえ難儀した。翌日の朝、着込んで出直すことにした。

翌日は朝9時から、集会の会場に戻り取材を再開した。

会場近くの駐車場に車を停めようとすると、1日20ドルだという。その看板の裏を見ると、24時間で5ドルと書いてある。集会で人が集まるのを見込み、日頃の4倍の料金を吹っかけているのだ。それでも、満車になるほど車が押しかけていた。

会場に到着すると、道端にはすでに、トランプの帽子やマフラー、バッジなど、さまざまなトランプグッズを売るスタンドがいくつも立っている。ホットドッグやコーヒーを売るトラックも5台停まっていた。ちょっとしたお祭り騒ぎである。

私は支持者の話を聞き終わると、場所を後ろにずらし、次の取材相手を探していった。

この日、最も印象に残ったのは、「アメリカを偉大なままに！」の赤い帽子を被り、同じ色のトレーナーを着て、背中には星条旗をまとっていた男性だった。

平日はエネルギー関連会社で働き、日曜日はキリスト教右派の福音派の教会で牧師を務めているというデービッド・カーペンター（53）だ。

「どうして集会に来たかって？　トランプは、最も嫌われている大統領だろう。だから、私のような支持者もいることを伝えたくって、息子2人を連れてやってきたんだ。娘もいるんだけれど、今は大学に進学してオハイオを離れているんでね。でも、オハイオにいたのなら連れてきただろう。そう、我が家は妻を含めた5人家族で、みんなトランプ支持者

トランプの支援者集会に２人の息子と来たデービッド・カーペンター

だよ。大統領にも我が家のような支持者がいるってことを見せたくってね」

トランプがアメリカ史上最も嫌われている大統領というのは、その通りである。

世論調査会社ギャラップによると、トランプ政権の発足から２０２０年1月の時点までの平均の支持率は41％。最高値で49％、最低値で34％である。

支持率が50％を超えたことがないのは、トランプが初めてだ。

もちろん支持率には波があるものの、オバマ政権の最高支持率は69％、ブッシュ政権（子）は90％、クリントン政権は73％――。彼らと比べると、トランプがいかに不人気なのかが分かる。統計を取り始めたルーズベルト以降で支持率の平均値が53%であるのと比べても、ずいぶんと見劣りがする。

一方でトランプの不支持率は、大統領就任直後の47%が一番低く、その後、60%に達したことが5回ある。

カーペンターの言う通り、こんなに人気のない大統領はこれまで存在しなかった。

しかし、それでもトランプ再選の可能性が決して低くないとされるのは、徹夜をしてでもトランプを見たいという熱狂的な鉄板支持者がいるからだ。

カーペンターが牧師を務める福音派のキリスト教徒も、トランプの鉄板支持者として知られる。有権者の26%を占める白人福音派のうち、前回の大統領選挙では、その8割以上がトランプに投票している。

国民皆保険に反対

話をカーペンターとの取材に戻そう。

――トランプのどこが好きですか。

「オバマは、イランやアフガニスタンなどの政策でぶれるところがあったと思っている。もっと一貫性を持ってほしかったね。外交面でオバマは弱腰に見えたんだ。それに対し、トランプは一貫しているよね。言うことにもやることにも、すがすがしいほどブレがない」

その直後、カーペンターが驚くべきことを口にした。

「僕はオバマが掲げた保険制度には反対だった。保険は一人ひとりが自由に選ぶべきだと思っている。トランプはそれを元に戻そうとしているだろう。僕自身、去年1月に前立腺ガンの手術を受けたけれど、会社の保険があったので7000ドルの支払いだけで済んだ。保険がなければ、40万ドルかかっただろうね」

どちらの数字も信じられず、私はノートに書いた数字をカーペンターに見せたが、数字に間違いはない、と言う。アメリカで病気にかかったために毎年何万人もが破産するというのは本当だな、と実感した。

保険があっても前立腺がんの治療に7000ドルというのは高すぎる。無保険ということは保険に入る金銭的余裕がないということなのに、40万ドルの治療費なんか払えるわけがない。

そうした数字は、アメリカの保険制度には改革が必要だという証左だ、と日本人からすると考えがちだが、カーペンターは違うと言う。

「どういった健康保険に入るのかは、個人的な問題だ。それを政府のお仕着せで、みんなが同じ制度に入ることには強く反対するよ」

生まれてきたときから国民皆保険という制度を享受して日本で育ってきた身には、なんとも理解に苦しむ話である。しかし、その声はアメリカでは決して少数派ではない。共和党支持者はもちろん、民主党支持者の中でも国民皆保険に否定的な意見を持つ人は少なくない。

支持者の話を聞いていて思ったことは、トランプも興味深いのだが、トランプ支持者の話もそれ以上におもしろい、ということだ。トランプと並んで、その支持者たちもこの本の主役として扱えないだろうか、などと考えをめぐらせた。

隣の席は祈るよう

そうしていくうちに、入場待ちの列はどんどん延びていった。

支持者と一緒に列に並び、私が会場に入ったのは午後3時半過ぎ。私が選んだ座席は、演説台から見て、左手の中段。アイスホッケーチームのホームグラウンドでもあるので、日本の野球場にあるようなプラスチック製の硬くて座り心地の悪い座席が並んでいた。

8000人を収容する会場は満席。4時以降は入場が打ち止めとなった。

会場の中心のうしろ寄りに演説台が設けられ、擂鉢《すりばち》状の席に座った聴衆が360度囲む。演説台から20メートルほど離れて、報道陣がカメラを構える一角がある。

演説台から報道陣の間を立ち見の支持者が埋め尽くしていた。たしかに、そこならトランプを至近距離で見ることができるが、何時間も立ったままである。ちょっと無理だなぁ、と思いながら見ていた。

そこに集まった人の多くが、トランプの選挙スローガンである「アメリカを再び偉大に!」や「アメリカを偉大なままに!」の刺繍が入った赤い帽子を被っていた。熱狂的な支持者といえよう。

私が座った席の隣には、私と同年代の細身の女性が座る。黒のキャップに、フェイクファー付きの黒のコート、ブルージーンズに黒のブーツというシックないで立ちだった。

「ダイアンよ」と私に手を差し伸べ、彼女はこう話し始めた。

「大統領はどんな大統領であっても敬意を払うものなのよ。これまでいろいろな現職大統領がオハイオにくるたびに見に来たわ。オバマ、ブッシュ、クリントン、それにレーガンもね」

80年代に大統領を務めたレーガンを見たことがあると言う彼女は、いったい何歳なのだろう、などと考えながら、名刺を渡して自己紹介をしてから、話を聞かせてほしいとお願いしたが、「取材は受けないの」と軽くいなされた。

これから数時間、この狭い座席に隣同士で座るのである。無理強いしていいことはない、とあきらめた。

数列前には深緑色のキャップに「メキシコ国境の壁を完成させろ」の文字が入った缶バッジをつけた男性が座っている。

私の目の前には、アメリカの国旗を意匠したTシャツを着た30代の夫婦が、5、6歳の女の子を連れて座っている。女の子は、何のことなのかも分からず、「アメリカを再び偉大に！」や「トランプ&ペンス」などのプラカードを掲げて遊んでいる。

壇上付近で、MAGAの刺繍が入ったトランプの赤い帽子を観客席にポンポンと投げ込んでいたのは、顎鬚《あごひげ》を蓄えた長身の男だった。

チャコールグレーのスリーピースのスーツを着た男は、体格の良さもあり、目立っていた。観客が、ひいきの力士にでも会ったかのような歓声を上げて、帽子を取り合っていた。請われれば、帽子にサインもする。当の男が、人びとの注目を浴び、得意になっているのがありありと伝わってきた。

この大物然とした男は、いったいだれだろう。

そう思っていると、後ろの席から女性同士が話している声が聞こえてきた。

「彼がパースケールよ。トランプの選挙を仕切っているのよ。16年の選挙でトランプが勝ったのも、彼のおかげなんだから」

スマートフォンを取り出してウィキペディアで調べてみる。ブラッド・パースケール、45歳。身長2メートル超。トランプの選対本部長を務める。16年の選挙では、フェイスブックなどを利用し、激戦州の選挙民に直接投票を訴え、それがトランプの大統領選での勝利につながった、とあった。

なるほど。トランプ陣営の主要人物の1人なのか。

その後、パースケール自身が登壇し、聴衆にこう訴えかけた。「みんなに1つお願いがあるんだ。オハイオで勝つためには、みんなの協力が必要なんだ。みんなの携帯電話を使って、『88022』に『トランプ』と書き込んで、テキストメッセージを送ってほしい。こちらから、ボランティアや最新の情報を送るから。もう一度、番号は何だっけ？　そう、『88022』だ」

副大統領のマイク・ペンスが登壇したのは7時前のこと。

7時15分になってようやく、トランプが青いスーツにトレードマークの赤のネクタイを締めて現れた。

「USA！　USA！　USA！　USA！」

のシュプレヒコールに出迎えられる。

隣の席のダイアンは、携帯電話を取り出し、祈るように演説の動画を撮り始めた。

札止めとなった会場の注目を一身に浴びたトランプが得意満面であるのが分かる。

エンターテイナー

トランプは開口一番、大統領就任以来の功績としてアメリカ経済が絶好調であることを強調した。

「経済は成長を続け、賃金は上がり続け、労働者は好景気の成果を享受している。アメリカの将来が、これほど輝いて見えたことはかつてなかった。アメリカは世界から羨望《せんぼう》のまなざしで見られているんだ。俺が選挙に勝って以来、700万人もの新規雇用を作りだしたんだ」

次いで、オハイオ州の景気に言及した。

「俺が政権についてから、これまで多くの自動車メーカーをオハイオに誘致した。たくさんのメーカーがやってきたんだ。日本のメーカーや、世界中のメーカーがオハイオにやってきた。彼らはアメリカにきたがっているんだ。アメリカこそが、自動車産業の中心なんだから。オハイオは19年、経済的に見るとこれまでで最高の1年だった」

その時どきの経済の好不調は、大統領選挙の行方を大きく左右する。国民の最大の関心事といっていい。好景気なら、現職大統領の追い風となり、不景気は逆風となる。トランプの再選のカギを握るのは、1月時点の好景気を投票日まで維持できるかどうかにかかっている。そのことを最も理解しているのはトランプ自身だ。だからこそ、経済の実績を自らの手柄として並べ立てる。

話題は、退役軍人の医療問題に移る。2000万人近い退役軍人を抱えるアメリカでは、その処遇は大きな政治課題だ。

「病気になった退役軍人は、新たな〝チョイスプログラム〟で、病院を自由に選ぶことができるようになったんだ。退役軍人はこれまで、指定された病院で診察を受けるために何週間も待たなければならなかった。もう44年もそんな調子だったんだ。それで俺がいい考えを思いついた。退役軍人は各自で、医者を選んで治療してもらう。それで治療費は、後から政府が支払うことにする、とね。そしたら役人が言うわけさ。大統領閣下、私たちはもう長年、それを実行しようとしてきましたが、だれも許可してくれなかったんです、ってね。俺が得意なことは、いい考えには迷わず許可を与えることなんだ」

トランプ節、炸裂といったところか。

聴衆は、トランプの演説に合わせ、賛同するときは、

「USA！　USA！」

「もう4年！　もう4年！」

「トランプ！　トランプ！」

というシュプレヒコールを叫ぶ。トランプは、その声が鳴りやむまで、演壇から目を細めて支持者を見渡す。

トランプは約1時間半の演説の間、原稿を読むこともなく、プロンプターを見ることもなかった。言葉を噛むことなく、数字や固有名詞も間違えず、よどみなくしゃべる。緩急をつけた話術は、聴衆の心をつかみ、飽きさせることがなかった。なかなかのエンターテイナーである。

しかし、オバマのように聴衆を惹きつける華麗な演説とは違う。トランプの演説は、大衆の感情を煽りたて、不安につけこみ、怒りに火をつける扇動者を連想させる。

反トランプ派が立ち上がる

演説が始まって10分ほどしたところで、「戦争反対！」と書いたプラカードを掲げた5、6人の反トランプ派の男女が、私の座席の左斜め後ろで立ち上がった。トランプが1月に入り、イランの軍司令官カセム・ソレイマニを殺害するために空爆したことに反対を表明したものと思われる。トランプは、即座に反対派に気づくが、笑顔を作りカメラの方を見続ける。

しかし4年前に、トランプが予備選挙で共和党の候補者争いをしていた時期、こういう場面では、

「そいつらをつまみ出せ！」

「ここから出ていけ！」

と、鬼のような形相で叫んでいた。

ある時は、反対派を見つけ、こう言った。

「昔は本当によかったんだ。昔なら、こんな場所に紛れ込んでくるヤツはどうなったか知

っているか。担架に乗せられて運び出されたものさ。その男の顔を、俺が殴ってやりたいよ」

別の時には、支持者に向かって反対派を取り押さえるように命じた後で、こう言った。

「そのふざけたヤツをとめるんだ。俺は、本気で言っているんだ。こてんぱんにやっつけろ。弁護士費用は、必ず俺が持つから」

トランプの過激な言葉に煽られるように、トランプ支持者が、会場から退場を命じられた反対派を殴ったり、蹴ったりする事件が頻発した。シカゴで集会を開こうとしたときは、会場内外で支援者と反対派が入り乱れての乱闘となり、集会は中止に追い込まれたこともあった。

自身が作り出す扇情的な雰囲気が暴力を引き起こしているのではないか、と問われると、トランプはこう答えている。

「そんなことはまったくないと思う。反対派の連中の中に悪い奴らがいるんだ。悪さをするのはそいつらだ」（『トランプ』）

しかし、トランプの政治顧問を務めるロジャー・ストーンは、集会と極右集団とのつながりについて、テレビのインタビューで次のように語っている。

「トランプの集会には常に白人至上主義者やＫＫＫ《クー・クラックス・クラン》、ネオナチなどのメンバーが紛れ込んでくる。少数だが、声高に主張する連中だよ」

しかし、そうした騒動さえもが、集会の１つの目玉となっていた。

大統領となった今、トランプは壇上から余裕綽々《よゆうしゃくしゃく》で成り行きを見守っている。

なぜか。

演説台には背広姿の10人ほどのセキュリティーらしき男性が配置され、それぞれがインカムをつけて、聴衆席をにらみつけている。各自に受け持ち範囲があるのだろう。一定方向から視線を動かさない。10人ほどで全方位を網羅している。

加えて、タトゥーの入った筋骨隆々のセキュリティーの存在もある。ボディービルダーを思わせるような筋肉の塊が10人ほど会場に散らばっている。彼らが着ている灰色のポロシャツには、「オハイオ・セキュリティー」の文字が入っているが、ネットで検索しても、それらしい組織は存在しない。

反対派が現れると、背広姿がインカムを使って、ボディービルダーにその位置を伝える。

彼らがものの1、2分で反対派を捕まえ、会場の外に連れ去るという仕組みができあがっていた。

その間、トランプはディズニーランドでアトラクションでも楽しむように、笑みをたたえているだけでいい。

マスコミはフェイクニュース

反対派がつまみ出されたあとでトランプは、こう言い放った。

「法と秩序が守られるというのは、いいことじゃないか、違うかい」

16年の選挙戦から、トランプが何度も繰り返し語ってきたのが、この「法と秩序」という言葉だ。

この4カ月後の5月、ミネソタ州ミネアポリスで白人警官が逮捕した黒人男性の首筋に約9分にわたり膝を落とし、結果として殺害するという事件が起きた。それに反発するデモ行進が全米で頻発すると、トランプは繰り返しこの言葉を使うようになり、再選を託したスローガンという意味合いを帯びてくる。

トランプの弁舌の矛先は、前政権の〝失政〟に向かう。

「俺が20年の選挙で再選を目指すことにした最大の理由は、オバマ前政権のもとで、6万カ所の工場が閉鎖されたことがあるんだ。考えてみてくれよ。国内の6万カ所の工場が閉鎖されたんだぜ。それらはメキシコや中国に移転してしまった。アメリカの地図を広げ、6万カ所の点を描いてみて、それらが全部なくなってしまったとしたら恐ろしいことだ。しかし、俺が政権を取ってからは、すべての工場がアメリカに帰りだしている。すでに1万2000カ所の新工場が稼働を始めた」

トランプがオバマに対して憎悪にも似た感情を抱いていることは、多くのアメリカ人が知っている。トランプは、オバマ政権の政治的遺産をひっくり返すことを無上の喜びとしてきた。政治的遺産とは、〝オバマケア（医療保険制度改革法）〟や環太平洋パートナーシップ（TPP）協定への参加、それにイランとの核合意などを指す。

とくにオバマは09年、核のない世界の実現を訴え、ノーベル平和賞を受賞しただけに、そうした賞に目がないトランプは、核兵器関連の政策には舌鋒鋭くなる。

「オバマの失策は景気だけじゃない。オバマは、核合意したイランに1500億ドルも与えた。しかも、そのうち17億ドルは現ナマでだ。信じられるか」

この短い文章をしゃべる間、支持者からのブーイングが3回も挟み込まれる。トランプのオバマへの敵意が、支持者にも乗り移ったかのようだ。

「オバマが結んだ愚かしいイランとの核合意のせいで、イランがアメリカを攻撃する財源を手に入れただけじゃなく、核の包囲網の突破を許したんだ。合意はもうすぐ期限切れとなり、イランは核兵器を作る能力を手に入れるが、イランが核兵器を作ることはない、と俺が保証しよう。

オバマ政権は、イランの悪意ある行動に対し補助金を払うことで、戦争への道を転げ落ちそうになっていた。けれど、俺の政権では世界秩序を立て直し、アメリカの軍事力を強化することで平和への道を取り戻したんだ。アメリカは今、絶好調なんだ」

話は、アメリカが殺害したイランの軍司令官ソレイマニに及んだ。

「ソレイマニは、バグダッドの米大使館だけじゃなく、いろいろな米大使館を攻撃の標的にしていた。だからわれわれは早急にソレイマニを殺さなきゃならなかったんだ。民主党は、なぜ議会の承認を得なかったのかと非難している。けれど、そんなことしてみろ、ヤツらがＣＮＮにリークするに決まっているんだ。今日もフェイクニュースの連中がいっぱい集まってきているだろ。あそこは、腐敗だらけなんだ」

聴衆が一斉にメディア席に向かって、大声でブーイングする。トランプが、マスコミをフェイクニュースと呼び、それに応えた聴衆が罵声を浴びせることも、集会でのもう１つのお約束である。

「ソレイマニを殺した後、イランが16発のミサイルをアメリカの軍事基地に撃ち込んだ。ならば反撃しなければならない。けれど、俺はその前に訊いたんだ。イラクの攻撃で何人のアメリカ兵が亡くなったんだ？　１人も亡くなっていません、大統領閣下。じゃあ何人がケガをしたんだ？　１人もケガしていません、大統領閣下。それを聞いて、反撃するのをやめたんだ」

イランの軍司令官の殺害に成功し、アメリカには１人の死傷者も出なかった。トランプは自ら下したイラン攻撃の決断には一点の瑕疵《かし》もない、と自画自賛した。

トランプが嫌うのは、オバマだけではない。集会と同時期に行われていた民主党の大統領候補選びのディベートの参加者も槍玉に挙がる。

「民主党のディベートは、まったく退屈だよな。俺はあんなものを、2、3時間も見続けなければならないんだよ。本当に国のことを愛してないとできないことだ」

と、くさした後、各候補を口汚く罵《ののし》った。

元副大統領のジョー・バイデンには、「寝ぼけたジョー」という渾名《あだな》をつけ、イランとイラクの区別もつかない、とけなした。それだけでは満足せず、ウクライナのガス会社で働いていた息子のハンター・バイデンが公に姿を見せないことを執拗《しつよう》に言い募る。トランプはこの時期、ウクライナの大統領に対し、アメリカ大統領という職権を乱用してハンターへの捜査を強要した、という疑惑で弾劾裁判にかけられているところだった。

民主党左派のエリザベス・ウォーレンのことは、自分にはネイティブアメリカンの血が流れているという主張をあざけって「ポカホンタス（アメリカ植民地建設に貢献したネイティブアメリカンの女性）」と呼んだ。

「俺には、インディアンの血なんか流れていないが、ヤツよりインディアンの血が濃いと言っていたんだよ。ヤツの言っていることを見ろよ。ウソとペテンと詐欺ばかりじゃないか」

民主社会主義者を表明するバーニー・サンダースを〝クレージー〟バーニーと呼び、その看板政策である国民皆保険をあげつらい、「32兆ドル以上がかかるんだぞ。アメリカが5年かかって稼ぎ出す金額以上だ。本当にクレージーとしか言いようがないよ」

その舌鋒が向けられるのは、民主党だけではない。

サンダースの国民皆保険を茶化して、「その案も真剣に考えなければならないなぁ」と冗談を飛ばすと、返す刀で再びマスコミ批判が始まった。

「フェイクニュースのヤツらが明日、どう報道するのか知っているか。俺が今しゃべった最後の言葉だけを切り取って、『トランプがサンダースの国民皆保険に賛成した』なんて見出しをつけて報じるんだよ。ヤツらのやることは、本当に胸糞悪くなるんだ」

トランプは、自分に盾突くメディアが大嫌いだ。そうしたメディアには、フェイクニュースのレッテルを貼り、機会があるごとに罵詈雑言《ばりぞうごん》を浴びせかける。しかし、トランプがフェイクニュースであるのか否かを判断する基準は、ニュースが捏造《フェイク》であるかどうかではない。ニュースが、自分に好意的であるか否かだ。自分に否定的なニュースは、ことごとくフェイクニュースだと痛罵する。

最後に、2つのメッセージを織り込んだ。1つは中絶反対で、もう1つは銃規制の反対だ。どちらも大切なトランプの鉄板支持者へのアピールだ。

「民主党の候補者たちは、後期人工妊娠中絶を支持している。赤ちゃんが生まれる直前でも、母親の子宮から取り出そうとしているんだ。だから俺は、共和党に後期人工妊娠中絶を禁止する法案を作るように頼んだ。共和党は、すべての赤ちゃんを神からの神聖な贈り物と考えているからだ」

銃規制については、こう言った。「われわれは、プライバシーや言論の自由、信仰の自由に加え、銃を所有し携帯する自由を守る」

演説は8時45分に終わった。

トランプの演説は圧巻

支援者集会は、トランプの独壇場だった。壇上に立ったトランプは水を得た魚のように、自由闊達に話し、縦横無尽に聴衆を楽しませた。

トランプは、まるで手練《てだ》れの人形遣いで、会場に集まった支持者という〝人形〟を自由自在に操った。聴衆は、トランプの掌《てのひら》で転がされ、歓喜し、叫び、怒りながら大満足して帰っていった。

支援者集会とは、トランプが最もトランプらしく振る舞える場所ではないのだろうか。トランプが素《す》の自分の好きなことを、好きなだけ、好きなようにしゃべることができる。トランプが素の自分をさらけだし、聴衆はその言葉すべてを受け止め、消化し、歓声や声援として投げ返す。

支援者集会の本来の目的は、支持者の気持ちを固めたり、新たな支持者を掘り起こしたりすることにあるのだろう。しかし、トランプの場合、自分が心行くまで語り倒すことで、自分自身の活力を得ているようにみえた。集会で一番楽しんでいるのはトランプ本人なのだ。

初めて見たトランプの演説は圧巻ともいえた。

私が感心したのは、トランプが列挙したこれまでの業績である。大統領選挙の結果に最も影響を与えるのは、その時どきの景気の動向だ。トランプは、米国経済は絶好調で、オハイオの経済も記録的な好景気にわいている、と言い切った。オバマ政権時代に閉鎖されたという6万カ所の工場も、すでにその5分の1がアメリカに戻ってきている、とも語った。

退役軍人のための医療改革もトランプの鶴の一声で動き出した。最大の仮想敵国であるイランも抑え込んでいる――。

内政、外交ともに順調でアメリカの国家運営はうまく行っているように聞こえた。これならトランプの再選は手堅いのではないか、と思いながら眠りについた。

勝利に最も驚いたのは自分自身

トレドの集会から1週間と置かず、私は次のトランプ支援者集会の会場であるウィスコンシン州へと向かった。

会場は、ミルウォーキーの中心部にある屋内アリーナだった。スポーツイベントやコンサートなどが行われる施設で、収容人数は約1万3000人だ。

私は前回、駐車場代に20ドル取られた経験から、会場の真ん前のホテルに部屋を取ったが、チェックインの際、ホテルの駐車場代に1日30ドルかかることを知った。世の中、そう甘くない。しかし、部屋からは会場が見え、並んでいる人たちも見える。絶好のロケーションだった。

トランプがミルウォーキーを支援者集会の場所に選んだのには理由がある。

16年の選挙では、トランプがウィスコンシン州で、1ポイント未満という僅差でヒラリー・クリントンに辛勝した。しかし、州最大都市のミルウォーキーに限れば、クリントンに大きな差をつけられて大敗を喫していた。

トランプが20年の選挙で再選を勝ち取るには、この民主党の地盤であるミルウォーキーを崩し、再びウィスコンシンを取ることが不可欠だった。

一方、民主党は16年の選挙で、ヒラリー・クリントンが一度も足を運ばなかったことが響き、ウィスコンシンを落としたことを後悔した。そのため、大統領候補を正式に選ぶ20年の民主党大会の会場を、ミルウォーキーに決めていた。共和党、民主党の両党とも、ウィスコンシンへの思い入れは深い。

16年の大統領選挙における大きな誤解は、トランプが選挙で大勝したという事実誤認だ。たしかに、トランプは大接戦を制し、世紀の大番狂わせを演じて勝利を手に入れたが、それは薄氷を踏むようなぎりぎりの勝利だった。大統領選で勝利を手にした時、最も驚いたのはトランプ自身であったことが、そのことを端的に証明している。

旧約聖書の予言通り

私がホテルに到着したのは、集会前夜の午後7時過ぎ。早速、徹夜で並んでいる人たちに話を聞きに行った。今回は、防寒のために服を着込み、マフラーを巻き、ニット帽も被って。

私が最初に声をかけたのは、ダニエル・ウォレンダー（61）。鉄道貨物会社で働き、今は引退の身だという。頭には、トランプの名が入った赤い毛糸の帽子を被っている。

「カナダとの国境にあるウィスコンシン州の田舎町からきた。ここから北に150マイルのところにある町だよ。集会に参加するのはこれが最初でね。トランプ大統領にお礼の気持ちを伝えたかったのさ。メキシコとの国境の不法移民の入国を制限することで、安全な生活環境を作ってくれたことを感謝しているんだ。彼の主張は、いつも一貫しているからね。トランプ大統領は約束を守るだろう。そこがいいんだ」

――トランプは、まだメキシコとの間に壁を作るという約束を果たせていません。

「それは議会との交渉の末のことだから、まだ壁が完成できていなくても仕方がないよ。予算を成立させるには議会の承認がいるんだから。でも、不法移民の問題に正面から取り組んだのはトランプが初めてだろう」

――ウィスコンシンは、メキシコの国境から遠いので、移民もやってこないのではないですか？

「たくさんくるよ。ここは酪農州だから、夏になるとメキシコからの移民が酪農や牧場の手伝いにやってくるんだ。オレが働いていた貨物鉄道会社にも、メキシコからの移民がたくさんきた。賃金は一番安いけれど、一番きつい仕事を割り当てられていたね。移民自体に問題はない。合法でやってきた移民ならね。メキシコからの移民の友達もたくさんいる。でも、イスラム過激派のイスラム国《IS》のような人びとは、この国に入ってくるべきじゃない」

トランプに対する不満はないのか、と訊いてみた。

「残念なのはフォックスコン（鴻海科技集団）が17年、トランプ大統領と一緒にウィスコンシンに工場を作り1万3000人を雇うと発表したけれど、それがまだ果たされていないことだな」

私がミルウォーキーまで運転する間、カーラジオがこのニュースを伝えていた。

日本のシャープを傘下に持つ台湾の電子機器メーカーであるフォックスコンの誘致は、トランプの肝いりだった。海外の製造業をアメリカ国内に誘致して、選挙スローガンだったアメリカ第一主義を体現した好例とされた。

トランプは17年に、

「何十億ドルもの投資がアメリカでなされ、何千という仕事を生み出す。アメリカ国内の仕事だ。これこそ、われわれが待ち望んでいたことなんだ」

と語っている。工場の起工式には、トランプ自らがスコップを手に参加した。

しかし、トランプが入れ込んだ工場の稼働は遅々として進まず、まだ1人も雇用する前に、トランプがウィスコンシンに支援者集会のために来ることになった、とニュースは伝えていた。

「大統領の話を聞きたいのなら、オレの妻に聞くといいよ。彼女の方が、オレよりよく知っているからね」

とウォレンダーから紹介されたのが、同じ赤い帽子を被った長髪の妻のロリー（58）だった。

熱心なキリスト教徒だという彼女は、トランプが大統領になるのは、旧約聖書の預言が実現したのだ、という神懸かりな話を1時間近く続けた。

私が聞いたこともない書籍の名前を次々と挙げ、子どもを犠牲にする悪魔崇拝の儀式や、同性愛者による結婚が蔓延《まんえん》しているが、それを阻止するために現れたのがトランプだという。

同性愛者を公言して民主党の大統領候補者選挙を戦っていたインディアナ州サウスベンド市長であるピート・ブティジェッジのような存在は、考えられない、と吐き捨てるように言い切る。

「あなたは男性で、私は女性でしょう。それ以外の性別なんてあり得ないのよ」と。

さらに9・11のアメリカ同時多発テロ事件は神のお告げであり、トランプが17年、エルサレムをイスラエルの首都に承認したのも、旧約聖書の預言通りなのだ、と。

後で考えると、彼女は、陰謀論集団として有名な《Qアノン》の信者ではなかったか、と思った。《Qアノン》とは、トランプが大統領就任後にできた極右集団で、その主張とは、アメリカ政府は〝闇の政府《ディープステイト》〟に支配されており、児童買春や人肉嗜食《ししょく》などの悪魔崇拝を行っている。そうした〝闇の政府〟を壊滅するために神から遣わされたのがトランプだ、という荒唐無稽なもの。

しかし、まだ《Qアノン》の知識が足りなかった私には、ただおどろおどろしく、つかみどころのない話でしかなかった。彼女の話があまりに長く、わけが分からなかったので、この夜は彼女との話が終わるとホテルに退散した。

中絶の是非

翌朝の取材で話を聞いたのは、テレコミュニケーション業界で働くクリス・ケセラー(34)。ミシガン州からきた。

トランプの支援者集会にくるのはこれで3回目だという。

――トランプ政権をどう評価しますか。

「トランプになってから経済が力強く成長しはじめた。オバマ政権では、高すぎる税金と、多くの規制や〝オバマケア〟など、そのすべてが社会主義的な政策だった」
社会主義というのは、トランプ陣営やその支持者が、民主党の政策を貶《おとし》めるときに使う常套句だ。
社会主義体制では、人びとの個々の能力や努力は評価されない。均等に富が分配されるので、競争原理が働かず、社会全体が停滞してしまう、というマイナスの意味合いが込められる。冷戦以降、アメリカが抱いてきた社会主義への嫌悪を引きずっている。前回のトレドの集会でも、「社会主義はひどい！」という垂れ幕を持つ人びとを見た。しかし、本当だろうか。

――高い税率と経済成長は両立しうるのでは？　たとえば、北欧3カ国とか。

「そうだね。スウェーデンは両立しているいい例だね。でも、僕は小さな政府を支持する自由至上主義者《リバタリアン》だから、アメリカがスウェーデンのようになるのには同意できない。自分たちの決定権は、自分たちの手にあったほうがいいと考えるからだ。政府の意向が大きくなるということは、それだけ国民の権利が小さくなることを意味する。僕は、国民の権利が最大になり、政府の介入は最小限に抑えるべきだと思っているんだ」

――ほかにどんな政策を重要視していますか。

「外交政策と生命尊重派《プロライフ》。クリスチャンだから、中絶反対は大切な政策だ。今、アメリカでは年間約60万人の子どもが中絶されているけれど、中絶されずに生まれてきていたら、その中から、何人もの〝スティーブ・ジョブズ〟や〝ウォルト・ディズニー〟が育ったかもしれないじゃないか。そして、アメリカの経済を引っ張っていってくれたかもしれない」

またもや中絶問題が大統領選挙に顔を覗かせた。

――中絶擁護派は、女性には自分の人生を選ぶ権利があると言います。

「いや聖書にはそう書いていない。科学もまた、生まれる前の胎児は人間だ、と言っている。受精したときから生命が始まるのだから、中絶は殺人なんだ」

――70年代の最高裁判決《ロー対ウェイド裁判》では、人工妊娠中絶は合憲と認められています。

「あれは時代遅れの判決で、見直されるべきだと思っているよ。もともとは、性的暴行や近親相姦に遭った女性に適用されるはずだったのが、今や、避妊に失敗したときの応急手段に成り下がっている。車を運転するときには、免許を取ったり、保険に入ったりする責任があるだろう。同様に、性行為にもそれ相当の責任が伴うんだよ」

――予期せぬ妊娠であっても、もし子どもができたときは結婚して子どもを育てるべきだ、ということですか。

「そういうことになるね」

日本では、政治の場で人工妊娠中絶の是非が議論されることはないが、アメリカでは大きな政治課題の1つだ。

聖書に従えば中絶は殺人になる、と反対派は主張するが、聖書が中絶に関して言及している箇所はない。しかし反対派は、モーセの十戒《じっかい》にある「汝《なんじ》、殺すことなかれ」などを引いて、さらに、受精の時から人が誕生という前提に立ち、中絶は殺人行為だ、と非難する。トランプは就任以来、自らを中絶反対に最も熱心な大統領だ、として支持者に売り込んできた。

一方、出産するかしないかは、女性がその時どきに判断すべき権利だというのが容認派の主張。中絶を合憲として認めたのが、先に挙げた《ロー対ウェイド裁判》の最高裁判決。その背後には、中絶が違法だった時代に、女性が危険な中絶や違法な中絶によって命を落としたことへの悔悟の念がある。この判決を境に、中絶が大きな政治問題となっていった。

中絶の賛否がアメリカでは深刻な問題だ、と初めて私が気づいたのは、同じ中西部にあるアメリカの大学で勉強していた時のこと。学生新聞の記者として働いていた私は、その大学街で中絶を行うクリニックに爆破予告があったと知り、話を聞きに行った。

30年ほど前に書いた記事を引っ張り出すと、そこには、「私たちのクリニックには、中絶手術より、避妊のためにくる女性が多いのに、中絶専門のクリニックというステレオタイプでとらえられている」という言葉があった。

その記事を書いた後で、カトリック系の教会団体が行った中絶反対の行進も取材した。当時の写真には、「あなたの赤ちゃんを殺さないで！」や、子宮の中の赤ちゃんを描いて「お母さん、家に帰ってよ。ボクは生きたいんだ」と書いたポスターや星条旗を掲げた１００人ほどのデモ隊が、先のクリニックの周りを行進しているものがあった。

その行進を取材する際、複数の女性が、車からハンガーを突き出して、抗議の意志を表すのを見た。女性がハンガーを使って中絶しなければならなかった暗黒の時代への反対の意味が込められていた。

行進の後で、主宰者である神父にインタビューすると、彼が以前、避妊具を使ったことがある、と何度も後悔混じりに話したことが、今でも耳底にはっきり残っている。中絶のみならず、避妊もカトリックの教義に反することを知ったのは、その時のこと。

それから30年たった今でも、中絶の是非はアメリカ人の感情を大きく揺さぶる問題だった。

メディアは国民の敵

もう1人話を聞いたのは、ポール・バシスタ（63）だ。トラック運転手だという。イリノイ州から車で1時間強かけて、この会場に着いたのはこの日の午前6時。10ドルで借りられる折り畳み式のイスで順番待ちの場所を確保して、私が投宿するホテルの喫茶店で休んでいるところを見つけて声をかけた。被った赤の帽子には「トランプ　列車《トレイン》」と刺繍が入っていた。

――あなたは共和党員なのですか。

「共和党員ではなく、共和党寄りの無党派だね。08年にはオバマに投票したけれど、オバマの言う『チェンジ』が4年間で起こらなかったので、12年には共和党のミット・ロムニーに投票した。トランプには16年に投票して、今年も投票するつもりだ。なんせ、株式市場が上昇を続けているおかげで、分断されていたアメリカも1つにまとまりつつあるように見えるだろう」

――トランプが大統領になったことで、アメリカの分断が深まったという人も少なくありません。

「トランプが率直に、ズバズバといろんなことを言うからで、それにいらついている人たちもいるのは知っている。でも、黒人やヒスパニック系のアメリカ人の失業率も、史上最低を記録している。そういう意味では、すべてのアメリカ人が、トランプ政権の政策を喜んでいいと思うけれどね。オレは、あと2年、65歳になったら引退しようと思っているので、それまで《401K（株式などを使った確定拠出年金）》の額がどれだけ上がるのかを楽しみにしているんだ。今のオレの401Kの金額だって？　それは秘密だよ」

――トランプ政権に成績をつけるとしたら？

「Bプラスってとこかな」

――結構厳しい評価ですね。

「トランプはしばしば、人を貶めるようなことを口にするだろう。たとえばCNNの記者を、国民の敵と呼んだりさ。うちのカミさんは民主党支持者だから、トランプがそんなことを言うたびに、夫婦げんかになるんだよ。だから、トランプにはもっと口を慎んでほしいのさ」

彼が語っているのは、2年ほど前、ホワイトハウスであった記者会見での出来事だ。テレビが生中継する中、CNNの記者が、トランプに移民政策やロシア疑惑などについて尋ねると、トランプが途中で記者からマイクを取り上げるよう指示し、それでも質問を続けようとする記者に対し「お前は国民の敵だ」と言い放ち、大きな波紋を呼んだ。

この時だけではない。トランプは、その前年にもツイッターで、CNNも含め、トランプ政権に対して厳しい論調を取るニューヨーク・タイムズ紙に加え、テレビの3大ネットワークであるNBCやABC、CBSを「国民の敵」と呼んでいる。民主主義の砦《とりで》としての役割を果たすメディアをトランプほど露骨に敵視する大統領もいない。

なぜ、トランプはメディアを目の敵《かたき》にするのか。

トランプが16年に出演したテレビのインタビュー番組の収録で、カメラが回っていない時に、その理由をこう語っている。

「俺は、あんたがたの信頼を貶めようとしている。視聴者の信頼をなくそうとしているんだよ。そうすれば、あんたがたが俺に関する否定的な話を書いたとしても、だれも信じなくなるだろう」

トランプとメディアの間に齟齬《そご》が生じた場合、人びとが主要メディアの報道を信じずに、トランプの言い分を信じる世界、それがトランプの目指す世界観なのだ、と言う。

10人近くに話を聞いているうちに、入場待ちの列はどんどん長くなっていった。

このままでは会場に入りそこねるのではないかと思った私は、取材を打ち切って列に並ぶ。正午ごろのことだった。開場まであと3時間あった。

私の近くで並んでいた30代の男性が、自分はトランプ支持者であることを周囲に得意気に語っていた。頭には「トランプ　２０２０」の帽子があった。それを見つけた地元のテレビ局が、彼にカメラを向けた。

「オレは、できればトランプ大統領を抱きしめて、ありがとうって言いたいんだよ。本当に、抱きしめたいんだ！」

なぜなんですか、と尋ねるレポーターに向かって、

「トランプを愛しているからだ！」と絶叫した。

その映像を撮ってレポーターとカメラクルーは去って行く。

午後3時過ぎにようやく開場となり、アリーナに入る。これからトランプの登場まで4時間待つ。会場の収容人数は、前回の約2倍ながら徐々に埋まり、ほぼ満席となった。

会場内のトランプ帽子率は、5割以上だろうか。帽子にもいろいろあり、オーソドックスなのは「アメリカを再び偉大に！」や「アメリカを偉大なままに！」と刺繡の入った赤の帽子。それ以外にも、迷彩柄や星条旗柄の帽子、カウボーイハットに「トランプ　2020」などと入れている。

白人はなぜ熱狂的に支持するのか

トランプが現れたのは、定刻の午後7時ちょうど。

大音量でかかるマイケル・ジャクソンのヒット曲『今夜はビート・イット』に乗って登

場した。

その日のネクタイの色は、トランプのもう1つのイメージカラーである青色だった。

その後も何度か、トランプの支援者集会を見に行ったが、大勢の支援者が待ち受ける中で壇上に立つトランプは、いつも上機嫌で、支援者を見回し、手を振り、時には奇妙なダンスをしてみせることもあった。いつも喜色満面《きしょくまんめん》で登場するのだ。

再選を目指すトランプはこの日も、経済の功績から売り込みを始めた。

「今年に入っても、経済は好調を続け、賃金は上昇、貧困率は急降下し、犯罪も大幅に減っている。アメリカは今や世界の羨望の的なんだ」

「16年の大統領選挙以来、700万人もの雇用を生み出し、そのうち100万人以上は、製造業や建設業での仕事だったんだ。この数字は、だれも成し得ないと思ったほど高い数字だ」

「ウィスコンシンの失業率も、史上最も低い数字となった。いいニュースだろう」

トランプの経済運営の手法とは、いったい、どのようなものなのか。

小さな政府を掲げる共和党の伝統的な手法は、規制を緩和して、税率を引き下げることだ。この日の演説でも、自らの功績をたたえる文脈で「規制」や「減税」という言葉が何度も出てきた。

政府はできるだけ経済に関与せず、税金による富の再配分にも重きを置かず、市場の自由競争に任せる、という方法で、これは共和党の金科玉条だ。競争原理を重んじる経済を信奉するのが共和党支持者の最大公約数なのだ。

共和党のもう1つの特徴が現れるのは、アメリカで〝文化戦争〟と呼ばれる領域だ。先に挙げた中絶や同性婚、銃規制などには反対の立場をとる。そこには、多様性への不寛容が見え隠れする。共和党の内部では、西洋を出発点とする白人社会の伝統を守ろうとする力が強く働く。

つまり、共和党は、白人中心の党だということだ。

トランプが16年の大統領選挙で得た票のうち、88%までが白人票で占められている。ヒスパニック系は6%、アジア系が含まれるその他は4%で、黒人票は1%にも届かない。2018年時点で、アメリカの全人口に占める白人の割合は60・5%で黒人は12・5%であるのと比べると、トランプ支持者の中核が白人であることが分かる。

人種別人口比率の推移　2045年には白人が少数派に

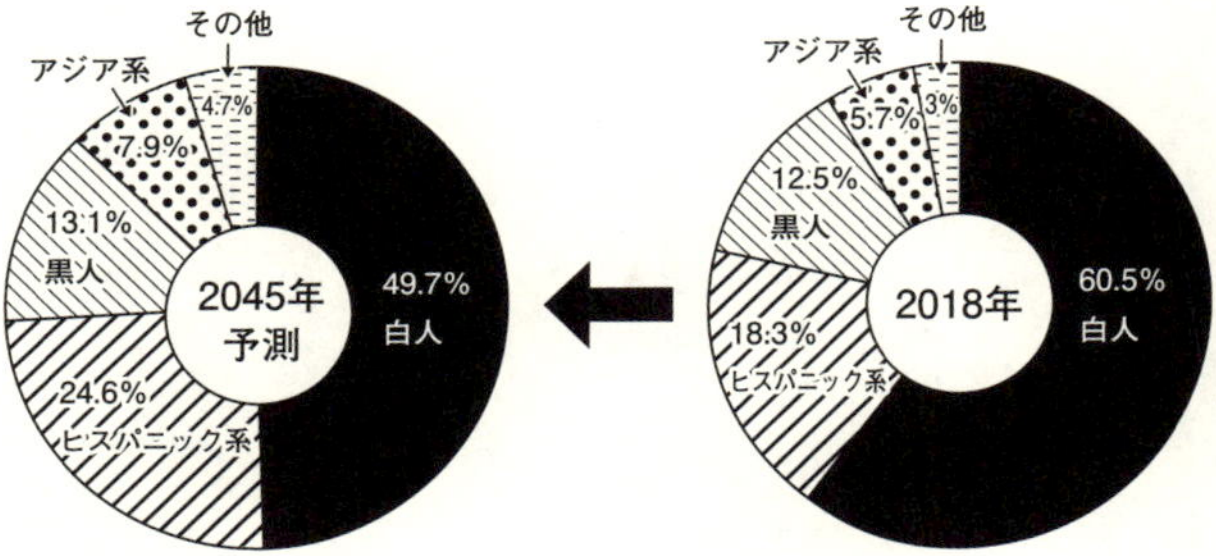

出典：ブルッキングス研究所

実際、この日の集会でも、聴衆はほぼ白人で占められていた。目測では、9割以上といったところか。また、演説の最中、トランプがウィスコンシン選出の共和党議員10人を壇上に呼び上げ、その活躍を称えたが、その全員が白人男性だった。

ここまで2回の集会で、私が話を聞いたのもすべて白人である。

白人がここまで熱狂的にトランプを支持する理由の背景には、2045年を転機に、白人の全人口に占める割合が5割を割り込み、その後も白人の割合は減り続けるという予測が影響している、といわれる。

建国以来多数派であった白人がその地位を

失えば、白人文化や伝統が崩れかねないという恐怖感がある。その白人文化の守護神として、メキシコからの移民やイスラム教徒の入国に強硬な立場をとるトランプが白人の熱い支持を集めているのだ。

トランプ率いる共和党は白人による、白人のための政権にも見えかねない。

政治史家のリチャード・ホフスタッターは、集団の社会的立場、アイデンティティー、所属意識が存亡にかかわる脅威にさらされた時、「ステータス不安」に陥りやすいと解説する。この現象に陥ると、「過度に興奮し、疑い深く、攻撃的で、大げさで、終末的な」政治スタイルが生まれる傾向があると論じている（『民主主義の死に方』）。

最も黒人寄りの大統領という自負

しかし、トランプの次の言葉はそうした考えを打ち消す。

「いろいろなことを成し遂げたが、その中でも一番好きなのは、黒人や、ヒスパニック系、アジア系の失業率が、史上最も低い数字になった。特にこれまでひどかった黒人の若年層の失業率も、最も低くなっている」

「だから、誰も想像できなかったようなペースで黒人が共和党に入っているんだ。彼らはわれわれのことが好きなんだ。われわれも彼らが好きだ」

しばしばトランプは、奴隷解放を宣言したリンカーンを除けば、自分は最も黒人寄りの大統領だ、と発言している。

人種だけではない。低所得者もトランプ経済の恩恵に浴している、と続ける。

「トランプ政権下の経済では、低所得層の人たちが最も大きな賃金の上昇という恩恵を受けている。ブルーカラー層の好景気が起こっているんだ。世間は、共和党政権だと、金持ちだけがさらに金持ちになるなんて言うが、そんなのは間違いだ。貧困層こそが最も大きな経済的恩恵に浴している。下位10%の人びとの所得の伸びは、上位10%よりも上回る」

それに比べると、オバマ前政権下では30万人以上が失業した。しかし、トランプ政権になってからは350万人が新規に職を得た、とトランプは胸を張る。

トランプが景気のいい話を口にするたび、聴衆は歓喜の声を上げ、シュプレヒコールを叫ぶ。

もちろん、アメリカ中がトランプを支持しているわけではない。

前回と同様、この日も反対派が集会に紛れ込んでいた。トランプの演説中に3回にわたり反対派が声を上げ、セキュリティーにつまみ出された。

しかし、トランプも支援者も、そんな反対派は野次り倒して、酒の肴《さかな》にしてしまう。最初の反対派が排除されると、トランプは「やれやれ」とつぶやいて、こう言った。

「明日、フェイクニュースの連中がどういう見出しをつけるのか知っているか。『何人もの反対派が集会を邪魔した』って書くんだよ。たった1人しかいないのにさ」

3回目に反対派がセキュリティーに追い立てられると、

「トランプの集会ほどおもしろい場所はないだろう」

と、得意顔で告げた。

この日のトランプの言葉で、強く印象に残ったのは、米軍が殺害したイランの軍司令官のことを「ゲス野郎（son of a bitch）」と呼んだことだ。

分別ある大人なら自分の子どもの前では、決して口にしない「売女（bitch）」という言葉を大統領が演説で何の躊躇《ためら》いもなく使い、聴衆はその言葉に快哉《かいさい》を叫んだ。

トランプが従来の共和党大統領と違うのは、〝反リベラル〟や〝反民主党〟だけならず、〝反エスタブリッシュメント〟をも旗幟《きし》鮮明にしている点だ。トランプは、大衆迎合主義的《ポピュリスト》な政治家の系譜に属する。

反エスタブリッシュメントには、お行儀のいい共和党の主流派への反発も含まれている。トランプの体面を気にしない言葉遣いは、その分かりやすい表現方法なのだ。あえて下卑た言葉を遣うことで、怒れる物言わぬ多数派《サイレント・マジョリティ》の代弁者を演じている（『白人ナショナリズム』）。

トランプは次の言葉で演説を締めくくった。

「われわれはアメリカを再び裕福にする！　われわれはアメリカを再び強い国にする！　われわれはアメリカを再び誇れる国にする！　われわれはアメリカを再び安全な国にする！　そして、アメリカを再び偉大に！」

聴衆を魅了し続けたまま、1時間半の演説はあっという間に終わった。午後8時半過ぎのことだった。大半の聴衆は充足感に包まれ、家路を急いだ。

話ができすぎていないか

しかし、その聴衆の中にあって私はどこかで違和感を覚えていた。

あまりに話がうまくできすぎていないだろうか。

もしトランプが主張する通りの実績を上げているのなら、なぜトランプの支持率が、史上最低にとどまっているのだろうか。

黒人の共和党支持が増えているのなら、なぜ、集会で黒人の支持者をほとんど見かけることがなかったのか。

トランプはなぜ、工場稼働が進まないフォックスコンについて何も触れなかったのか。

私の頭の中で、いくつもの疑問符が舞い、注意信号がともった。

不可解な気持ちを抱いたまま、私はホテルに戻り、ベッドに潜り込んだ。

翌日、ネットで前日の集会の記事を探していると、いくつものメディアが、トランプの集会での発言を事実確認《ファクトチェック》した記事を見つけた。

それらの記事を読んでいくと、トランプの演説にどれだけ、ウソや事実誤認、紛らわしい発言が含まれていたのかが徐々に分かってきて、次第に自分の不明を恥じることになる。

たとえば単純な数字でウソをついている。

■「ウィスコンシンの失業率は、史上最も低い」というトランプの発言。この時点での最新の米政府の数字は19年10月時のもので、3・3％。しかし、最も低かったのは、同年3月の2・9％であり、この発言は虚偽だ。

■「貧困層こそが最も大きな経済的恩恵に浴しているんだ。下位10％の人びとの所得の伸びは、上位10％よりも上回る」という発言。しかし、最も所得が伸びているのは上位10％であり、この発言もウソ。

■「黒人や、ヒスパニック系、アジア系の失業率も、史上最も低い数字になっている」という発言。失業率の数字自体は正しい。しかし、失業率が改善し始めたのは、リーマン・ショックから米経済が立ち直ったオバマ政権下であり、それを受け継いだトランプ政権が、自分たちだけの手柄のように語るのは、誤解を招く。たしかに、雇用統計のグラフを見ると、10年からすべての人種で失業率の減少が始まり、最低値を更新したのが、たまたまトランプ政権となってからのことだと分かる。

加えてリンカーンを除けば、トランプは最も黒人寄りの大統領だという発言がある。前日の話では出てこなかったが、トランプお気に入りのフレーズなので真偽を確かめておこう。

これは、歴史家にダメ出しを食らっている。

ハワード大学の教授であるマイケル・ファントロイは、「これはトランプの発言の中でも、最も不遜な発言といえるだろう。トランプは歴代の大統領に比べ見劣りがするだけでなく、黒人への貢献度ということでは最低に近い」と切り捨てる。

ほかにも、さまざまなウソや誇張が演説のあちらこちらに紛れ込んでいた。

なんだか前日は美味《おい》しそうにみえて平らげた料理が、翌日になって、ゴキブリやネズミが走り回る不衛生な厨房で作られていた、と知らされた時のような後味の悪さを覚えた。

見ていた映像が急に暗転したような錯覚に陥った。

若い女性の後ろ姿だと思っていたスケッチ画が、実はみにくい老婆の顔だったという騙《だま》し絵を、二度見した時の薄気味悪さにも似ている。

トランプの大統領就任以来、その発言を事実確認《ファクトチェック》し続けてきたワシントン・ポスト紙によると、ミルウォーキーで演説したこの日1日で、76カ所のトランプの発言が事実確認《ファクトチェック》され、間違いやウソ、誤解を招くと判定されている。前回のトレドの集会の時は1日で117カ所が指摘されている。政権発足時からの累計となると、1万6000回を超えている。

手の込んだデタラメ

前回のトレドではどんな指摘があったのか。いくつかの例を挙げておこう。

■「オハイオは19年、経済的に見るとこれまで最高の1年だった」。これは事実に反する。同州の19年11月の経済成長率は前年比0・4%増にとどまり、過去10年で最低の数字だった。民間企業の有効求人数も前年1月に比べて減っているからだ。

■「オバマ前政権のもとで、6万カ所の工場が閉鎖になった」。これも間違いで、01年のブッシュ政権からの合算数字だ。しかも、トランプ政権下の製造業の就職口の増加数は18年の26万4000件と比べると、19年は4万6000件へと大幅に減少している。

■イランの軍司令官ソレイマニを殺害した際、アメリカの死傷者は1人も出なかった。これもウソ。殺害に絡んで11人のアメリカ兵が、病院で治療を受けている。

■「（トランプのおかげで）病気にかかった退役軍人は、新たな〝チョイスプログラム〟で、病院を自由に選ぶことができるようになった」。これはまったく事実に反する。〝チョイスプログラム〟は超党派で作られた法案で、オバマが14年に署名して法案が可決した。トランプがやったことといえば、それを引き継いだだけである。

もう一度、〝チョイスプログラム〟に関するトランプの言葉を引いておこう。

「俺がいい考えを思いついた。退役軍人は各自で、医者を選んで治療してもらう。それで治療費は、政府が後から支払うことにする、とね。そしたら役人が言うわけさ。大統領閣下、私たちはもう長年、それを実行しようとしてきましたが、だれも許可してくれなかったんです、ってね。俺が得意なことは、いい考えには迷わず許可を与えることなんだ」

どうすれば、こんなデタラメを口にできるのか。これが全部ウソだとすると、何を信じればいいのか。トランプの演説を事実確認《ファクトチェック》していくと、視界が歪んでくるような錯覚に陥る。トランプは大衆迎合主義的であるのと同時に、扇動政治家《デマゴーグ》でもあるようだった。

記者から突っ込まれることもなく、言いたい放題言える支援者集会というのは、トランプが好きなだけウソを拡散できる場だったのだ。支持者はそのウソを鵜呑みにして、この国の未来は明るい、と誤解してしまう。そのウソが、私が次回取材する時、支持者から聞く話に紛れ込んでくる。トランプと支持者の間で、ウソが悪循環する仕組みとして、集会が使われている。

トランプとウソ

トランプとその政治手法を考える上で、ウソと切り離して話を進めることは不可能だ、と私は気づくことになる。

トランプとウソは、密接に絡み合っている。トランプの真の姿に近づくには、手間と時間をかけて、ウソを腑《ふ》分けして取り除いていくしかない。事実確認《ファクトチェック》に関する長い文章を読むだけでも手間と根気のいる作業である。

もちろん、政治家が自分の業績を過大に見せようとしたり、話を盛ったりすることはよくあることである。

ウソをついた政治家は、トランプが初めてではない。

ビル・クリントンは、ホワイトハウスの実習生だった20代の女性との不倫関係を尋ねられ、「彼女と性的関係を持ったことはない」とウソをついたことで、弾劾裁判にかけられている。ブッシュは、「イラクが大量破壊兵器を持っている」と虚偽の事実を語り、アメリカをイラクとの長期間にわたる戦争に引きずり込んだ。

しかし、トランプのウソは次元が違う。その回数と頻度、また、自分の再選に有利と考えれば、たとえ、ウソであることが指摘されても、何度でも同じウソを繰り返すという性向において、ほかの政治家とは次元を異にするのだ。

オバマ政権下で6万カ所の工場がなくなったというウソも、退役軍人のための〝チョイスプログラム〟を自分が発案したという虚偽も、トランプのお気に入りであり、その後も繰り返し語られている。

自分で話しているうちに、自分でも真実と虚偽の境界線が曖昧《あいまい》になってくるからなのか、それとも、ドイツのナチスの高官が言ったとされる「ウソも100回言えば真実になる」という言説が正しいかどうかを実験しているのかどうかは定かではない。しかし、トランプとウソが不可分であることは肝に銘じておく必要がある。

次章では、積雪が消えた頃から、ランシング市内を歩き回り、赤いトランプ帽子を被ってトランプへの投票を呼びかけたボランティア活動について語る。

第2章

「共和党選挙ボランティア」潜入記（前編）

ミシガン州の共和党事務所は、2階建てのこぢんまりした建物だった。日本ならどの町にでもありそうな図書館ぐらいの大きさ。

選挙のボランティアになるために訪れた私が通されたのは、1階の会議室。入り口近くにあった本棚は、象の置物であふれていた。鼻を持ち上げた象のマグカップが色違いで6個。それぞれ鼻を持ち上げた3頭の象が、その鼻で円球を支えている置物。象づくしの観がある。

そうだった。民主党のシンボルはロバで、共和党は象だったなぁ。ちなみに民主党のイメージカラーは青で、共和党は赤だ。民主党が強いカリフォルニア州やニューヨーク州はブルー・ステイトで、共和党が強いテキサス州やアーカンソー州はレッド・ステイトと呼ぶ。

今でも米国民に根強い人気を持つ共和党のリンカーン大統領の人形もあった。首都ワシントンDCの連邦議会議事堂のプラモデルも飾られていた。

州都ランシングにある共和党の事務所に私が初めて足を運んだのは、2020年1月下旬のことだった。

街は数センチの雪で覆われており、路肩には除雪車によってかき集められた雪が積まれていた。トランプの支援者集会にはすでに、2回、参加していたが、共和党の事務所に足を踏み入れるのは初めてのこと。

アメリカに到着したのはその1カ月ほど前だ。しかし、身分証明書代わりに使う運転免許証をとるのに時間がかかり、ようやく事務所に足を運ぶことができた。

免許証の提示すらない

ボランティアの取りまとめをする担当者が現れるまでの間、私は部屋の中をあれこれと見て回っていた。

身長170センチ強のコピー・トンプソンが部屋に入ってきた。あごひげを蓄えているせいか、30代に見えたが、大学を出たばかりだという。金髪碧眼《へきがん》の白人男性で、その後、私が話を聞くことになる多くのトランプ支持者と似ていた。

「名前は何ていうの？」と訊かれたので、
マスオっていうんだけれど、マイクでいいよ、と答えた。

これまでの経験で、私の名前が、アメリカ人には発音しにくいことを知っていた。マスオの頭文字であるＭをとって、Ｍｉｋｅ（マイク）にしたんだ、と私は説明した。

「僕は、大学で日本語を勉強したんだよ」

とコビーが言う。

一瞬、まずいと思った。日本語で私の名前を検索されると、ジャーナリストであることがばれる。

「日本語って言っても、平仮名だけでギブアップしたんだけれど」

と、コビーがすぐに続けるのを聞いて安心した。

ここでボランティアをしたいんだ、と私は切り出した。

「大統領選挙でのボランティアをした経験は？」

ない。

「なぜ、共和党の事務所でボランティアをしようと思ったの？」

そこで私は、日本から持ってきた『トランプ自伝』を取り出した。87年に出版されるとアメリカで100万部超が売れたベストセラー。ニューヨークの一介の不動産屋だったトランプを、全国区のビジネスマンとして売り出した本。日本語の文庫本の表紙には、40代のトランプが大写しになっている。

この本を読んで以来、トランプのファンになった。日本にもトランプのような強いリーダーシップを発揮する政治家が必要だ、と思ったから、と、多少脚色の入った志望動機を語った。

「じゃあ、ここに、名前と電話番号とメールアドレスを書いてくれるかい」

アメリカのどこにでも売っている黄色い法律用箋《リーガル・パッド》に、私は名前などを書き込んだ。

それでボランティアの面接は終了。

私は無事にボランティアになることができた。

潜入取材という手法

1カ月以上かけて取得した免許証の提示も求められず、私がアメリカで投票権を持っているかどうかも訊かれなかった。守秘義務の契約を結ばされることもなかった。細心の注意を払って面接に臨んだのに、あっさりとボランティアになれたことに拍子抜けした。

なぜ私は、共和党事務所でボランティアをしようと考えたのか。

それは、20年の選挙が、トランプの信任投票という意味合いを色濃く帯びると見込んだからだ。そのトランプの選挙を支援する人たちと知り合い、さらにはトランプ支援を求めて戸別訪問をし、1人でも多くの有権者の声に耳を傾けることで、通常の取材とは違う角度から見えてくるものがあるはずだ。

共和党の選挙ボランティアとして働きトランプへの投票を呼びかけることは、トランプに加担することになるのではないか、という批判が起こる可能性もあるだろう。しかし、取材対象の懐《ふところ》深くに飛び込んで選挙事情の裏も表も深く知ることに重きを置き、私がこれまで日本で何度か用いた潜入取材という手法を使ってみようと考えた。

ただし、ボランティアとして戸別訪問する際には、通常のように、こちらがジャーナリストであることを名乗るわけでも、名刺を渡すわけでもないことから、取材対象については、ファーストネームで表記する。

しかし、まだミシガンでは数センチの雪が積もっており、戸別訪問が始まるのは春が近づいた3月に入ってからとなることは、この後に知った。

専用のスマホアプリ

ボランティアで戸別訪問するには、スマートフォンに専用のアプリをダウンロードしてから、自分の名前とパスワードを登録してログインする。これは共和党が作った携帯用のオリジナルのアプリで、すでにネットで公開されている有権者情報を選挙用に転用したものだ。

ログインすると、最初に注意事項が表示される。礼儀正しくしろ、相手に敬意を払え、はっきりと話せ――など。その後、《ウォークブック》という地図が表示される。地図上の丸印を押すと、住所とそこに住む有権者全員の名前、年齢などの情報が出てくる。その住所を訪ね、ドアの呼び鈴を押して、現れた人の姓名を確認した上で、アプリ上に現れる文面を読みながら、アンケートを取っていく。

アンケートの内容は、「トランプ大統領への支持を期待することはできますか」から始まり、「選挙では、郵便投票を使いますか、それとも当日、投票所に足を運びますか」や「あなたはどこの党派に所属しますか」などなど。

最初に割り当てられた《ウォークブック》は、私が住んでいるアパートの裏側にある郊外型《サバーブ》の住宅地150戸ほどの家庭の情報が載っていた。いわゆる典型的な郊外である。それぞれの住宅区域ごとに専用の入り口があり、その中で1つの住宅地の集団を形成している。

アメリカでは居住地を大きく3つに区分する。1つめが、裕福な白人が多く住む郊外。2つめは、黒人などが住む都市部のインナーシティーと呼ばれる低所得者地域。最後は、白人を中心とした農業・酪農従事者などが住むカントリーサイド。つまり田舎だ。

インナーシティーは民主党の票田であり、カントリーサイドは共和党の地盤である。選挙の結果は、浮動票が多い郊外の住民の投票が左右することが多い。

つまり、私がボランティアとして歩き回るランシング郊外の住民の投票が、20年の選挙に大きな影響力を持ってくるのだ。

私は訪問した家の情報を小さな手帳に書き、加えて、スマホ上の画面に現れる情報を、スクリーンショットで撮りためた。個人情報保護という意味合いもあるのか、一度訪問した投票者の情報を、その後で再び見ることはできない仕組みになっていた。すべての情報を書き留めるのは無理だが、スクリーンショットなら漏れなく情報を手元に残すことができる。

ただし、そうすると、単に戸別訪問するのと比べ2倍以上の時間がかかる。しかし、目的はボランティアとして数多く回ることではなく、人びととの対話を記録することにあるのだから、記録を怠って軒数だけを伸ばそうとするのは本末転倒だ。

私にとっては初めての選挙運動である。しかも、英語での戸別訪問。事務所では、簡単な説明だけで、後は自分でやってくれというボランティアに丸投げする方針のようで、まったくの手探り状態でスタートした。

文化戦争

ボランティア初日となったのは20年3月5日。最高気温は10℃で、晴れ。日差しは暖かいのだが、冬の枯れ葉が舞うほどの風が吹いていた。ポケットに使い捨てカイロを押し込んで出発した。

その初日、運よく熱烈なトランプ応援団に出会った。

私がおっかなびっくりドアの呼び鈴を押して回っていると、2匹のセントバーナードと一緒にジョン(59)が出てきた。

「何だって、ミシガン共和党のボランティアだって。まぁ、そこに座って待っていてくれ」

と、玄関先にあったパイプ椅子を指さす。

すぐに戻ってきたジョンの手には、赤い帽子があった。「トランプ　2020　アメリカを偉大なままに!」と刺繍してある。

「最近、この帽子を20個ほど買って、いろんな人に渡しているんだ。あんたにもやるよ。オレは、共和党員ではなく、無所属だな。今でも自動車産業で働いているんだ。過去に組合の委員長をやったころには、民主党に投票した。08年にはオバマに投票した。けれど、毎週教会に通い、聖書の勉強会にも参加するオレにとって一番大切な政策は、人工妊娠中絶の是非についてなんだ。オレは生命尊重派《プロライフ》だ。聖書の解釈では、中絶は殺人にあたるので、人工妊娠中絶はどうしても認めることはできない。トランプは、これまでで最も中絶に反対している大統領だから応援しているんだ。それに息子は今、陸軍に入っているんだよ。トランプは、軍に予算をつけて軍隊を立て直してくれただろう。16年にもトランプに投票したし、今年も投票するよ。オレだけじゃない。看護師の妻も、一緒に住んでいる娘もトランプに投票する。我が家だけで、トランプに4票入れるんだ」

熱くて、陽気なトランプ支持者だった。

人びとが共和党を支持する最大の理由としては、小さな政府がある。加えて、中絶や銃規制、移民問題などの〝文化戦争〟と呼ばれる争点がある。保守的な共和党支持者の多くは、移民の流入や人工妊娠中絶に反対し、銃規制については緩和を求める。

だからトランプは16年、選挙の出馬表明に際して、メキシコからの不法移民を「麻薬や犯罪を持ち込む。彼らは強姦犯だ」と決めつけ、彼らがアメリカに入ってくるのを防ぐために国境間に壁を作るという公約を掲げた。

一方、人びとが民主党を支持する第一の理由には、大きな政府が、国民の間の貧富の格差を縮めるべきだ、という考えがある。その端的な例が、国民皆保険の導入だ。民主党のオバマ政権では、〝オバマケア（医療保険制度改革法）〟が、議会を通過した。

オバマが大嫌いなトランプは17年、オバマケアの改廃に向けた大統領令に署名した。だが20年秋に開かれた大統領選での討論会で、司会者に「オバマケアに反対するのなら、あなたはどのような健康保険政策を持っているのですか」と尋ねられると、そんなものなど持っていないトランプは、壇上で立ち往生する羽目に陥ることになる。

文化戦争については、共和党支持者が保守的なら、民主党はリベラルと位置付けられ、黒人や女性などの社会的弱者に対する差別をなくすべきとする。たとえば、人工妊娠中絶を女性の産む権利ととらえ、中絶合法化の立場をとる。また、移民を「夢を実現させる人《ドリーマー》」と呼び、国力を成長させるエンジンとなるととらえ、積極的に迎え入れる。銃については、厳しい規制を求める。

黒人初の大統領であるオバマと、黒人女性で初の副大統領候補となるカマラ・ハリスが民主党出身であるのは、偶然ではない。

敬虔なクリスチャンであるジョンにとって、人工妊娠中絶への反対が、共和党の大統領であるトランプに投票する決め手となったのも、当然のことだった。

赤い帽子の力

私はその日から、もらった帽子を被ってボランティア活動を行った。

なぜなら、その帽子を見るだけで、人びとは私が何者で、何をしているのかを、おおむね把握するからである。その後、ボランティア用の衣装として、通販サイトから帽子やTシャツ、トレーナーなどを買い足した。

日本と違い、車社会のアメリカでは、住宅地で人が歩いていること自体が珍しい。見知らぬ顔だと不審者と勘違いされ、警察に通報されかねない。とくに、アジア人であるため、悪目立ちしかねない。しかし、トランプの赤い帽子さえあれば、人びとは「トランプのボランティアが歩いて回っているのだろう」と納得してくれるのだ。

旗幟鮮明であるがため、トランプ支持者からは歓迎され、民主党支持者からは罵倒されたり、詰め寄られたりするのだが、まずはトランプ支持者の話から始めよう。

私が家を訪ねようとすると、白人男性のシャフィーク（39）は、家から出てきて、ピックアップトラックに乗り込むところだった。

「今は時間がないけれど、君が被っている帽子は好きだよ。そうだ。トランプに投票するよ。絶対にね」

と言って、車で走り去った。

白人男性のリン（75）は、「妻とともに長年の共和党員で、今年もトランプには必ず投票する」と言った後で、「あぁ、あなたの手は、神から与えられたんだ！」と言って、私に握手を求めた。おそらく、キリスト教的な表現で、彼らの目からすると、私がそれだけ尊い仕事をしているように映る、という意味なのだろう。

玄関に星条旗を掲げていたフィリップ（65）は、バーベキューの用意で忙しい、と言いながらも、こう話してくれた。

「あんたと同じでオレも熱烈なトランプ支持者だよ。これからそんな仲間２人と一緒に、バーベキューをやるんで準備をしているんだ。我が家の周りは、民主党支持者が多くて嫌になるよ。そんなご近所さんより、気の合う仲間同士の方が、酒も飯もうまいだろう」

ハリー（73）という白人男性の家を訪ね、アンケートを取り始めようとしたところ、ウォルターと名乗る40代の息子が、私たちの間に割り込んできた。

「なに、ミシガン共和党のボランティアだって。ならば、オレがアンケートに答えてやるよ」

と挑みかかるように言う。私と同じ赤のトランプの帽子を被り、迷彩柄のTシャツにもトランプの文字が入っていた。

猜疑心の強さ

私のアプリにその息子の名前は見つからなかったが、父親の代理ということで、アンケートを始める。

「もちろん、トランプを支持するよ。投票方法だって？　選挙日当日に自分で投票するに決まってているじゃないか。郵便投票なんて不正の温床だって、トランプが言っているだろう。あれはダメなんだ。オレは共和党員じゃない。無党派としてトランプを支持しているんだ。

なぜかって？　トランプはこれまで、オレたちみたいな労働者のために、多くの約束事を果たしてきてくれたからだよ。経済状態は最高だろう。株価は右肩上がりだ。白人ばかりか、黒人やアジア系の失業率も史上最も低いんだぜ。大統領選で、トランプが苦戦しているなんて言っているメディアもあるが、そんなのは全部フェイクニュースさ。トランプには、どうしたって、もう4年間、大統領をやってもらわなければならないんだ」

終始にこりともせず、こちらを値踏みするような視線を外さずに話し続ける。強烈なトランプ支持者でありながら、猜疑《さいぎ》心の強さがにじみ出ていた。

腰のあたりに拳銃でも提げていないかと思って目を凝らすが、拳銃は見当たらない。《オープンキャリー》といって他人に見えるように銃の携帯が許されたミシガン州では、こうした視線の持ち主が銃の携帯者と重なることが少なくない。

この時は、相手の迫力に押され、言われるまま話を聞いてしまったが、これが、もうちょっとボランティア活動もこなれてきた後半だったなら、私も、もっと情報を聞きだすコツを身に付けていた。

トランプ支持者と聞けば、「大統領のどのような仕事に満足されていますか？」、「大統領が、あなたにとって、今以上にできることはありませんか？」と笑顔で問いかけて、答えを引き出す。民主党支持者に対しては、「大統領がどこを変えれば、あなたからの投票を期待できますか？」、「大統領の実績で、評価できる点は1つでもありませんか？」とこれも笑顔で質問を続ける。

人は胸に秘めている政治信条を語りたがるものだ。

反トランプ派に諭された

民主党の支持者で、強烈な反トランプ派の中には、私が共和党のためにボランティアをしていることをやめるよう説得にかかる人もいた。

トロイ(56)は、私の「トランプ大統領への投票を期待してもいいですか」との問いに、「NO！」ときっぱりと答えた後で、私を玄関先にある籐椅子に座るように促した。

病院の酸素吸入の技師として働いているというトロイは、こういって私を諭《さと》し始めた。

「いいかい、あんたが誰の選挙を応援しようと、それはあんたの自由だ。ここは自由の国、アメリカなんだからな。けれど、トランプは、ひどすぎるだろう。あんなやつの選挙応援なんかはしない方がいい。あんたはどこから来たんだ？　日本か。日本にもトランプのような道徳心がない政治家はいるのか。

トランプのどこがひどいかって？　全部だよ。トランプは自分の妻が妊娠中にポルノ女優と寝て、その後で口止め料を払った。けれど、その女優がトランプとの情事について公の場で語り始めると、さまざまな嫌がらせをして、口を封じようとした。結局、うまくはいかなかったが、トランプはその事実について今も認めていない。

さらに16年の選挙の前には、テレビ番組の『アクセス・ハリウッド』の隠し録りした録音テープが出てきた。その中で、トランプは自分が有名人だから女性器をわしづかみにすることもできる、って話しているじゃないか。そんな男がアメリカ大統領というだけで十分に情けないが、そいつが再選されてあと4年も続投するとなると、どうにもやりきれないよ。

株価が高くって、失業率が低いって？　それはトランプが国家の赤字を増やし、株価を押し上げただけだ。本来なら財政規律を守る必要があったにもかかわらずだ。大企業への大型減税なんか、愚の骨頂だ。国の借金を子供や孫の代に押しつけて、自分の再選のために、目の前の数字を取り繕っているだけじゃないか。

トリクルダウン効果でアメリカ全体が潤っているって？　冗談じゃないよ。法人税の減税によって、働く人にとっていい条件の仕事は、ほとんど生まれてない。いつでも首が切れて、時給の安い仕事だ。大企業に都合のいい仕事がほとんどじゃないか。それにトランプの経済の数字がいいと言っても、クリントンやブッシュ、オバマの時代とさして変わらないよ。それにトランプは、ロシアや中国が、アメリカの選挙に関与することを黙認している。それがアメリカ大統領のやっていることだと思うと、心底情けない気持ちになるよ。悪いことは言わん、あんたもトランプの応援なんかやめておくことだ」

隠れトランプの存在

私はその後も、何人かの反トランプの論客に出くわす。そのたび、私なりの反論を試みるが、トランプの演説やトランプ寄りのＦＯＸニュースの受け売りをして、トランプ擁護の論陣を張ろうとすると、ことごとく論破されてしまう。トランプを大統領として売り込むことの難しさを痛感した。

共和党員だという白人女性のキム(62)が「大統領が今、素晴らしい演説をしているわよ」と教えてくれたのは3月13日の午後のこと。新型コロナウイルスの拡大を防止するため、トランプが国家非常事態を宣言する模様をテレビが生放送で流していた。

「大統領が新型コロナから私たちを守ってくれるんだわ」と言った後で、こう尋ねてきた。

「私は、郵便投票をするんだけれど、その理由を聞きたくない?」

もちろん聞きたい、と答えると、

「隣の家が民主党支持者だからよ。同じ投票所に行って、トランプに投票するのは気まずいじゃない。もちろん、投票するところを見られるわけじゃないんだけれどね」

これが、よく言われる隠れトランプというやつなのか。だが、こうした隠れトランプと思われる人に出会ったのは、このとき1回きりだった。

その後、選挙の戸別訪問も一時中止に追い込まれた。6月に再開するまで、電話による選挙活動をすることになったのだが、こちらはほとんど手応えがなかった。

パソコン上で共和党が作った専用サイトを開き、名前とパスワードを入れてログインする。その後は、ウェブサイトがアトランダムに表示したミシガン州内の有権者に電話をかける。電話がつながると、パソコンの画面に現れた文章を読み上げ、トランプへの投票を呼びかける。

もともと戸別訪問に比べると歩留まりが低いのに加え、こちらの外国語訛《なま》りでトランプ支持を呼びかけると、怪しさがこぼれだすような電話となり、ちゃんと話をしてくれるのは、10件に1件、いや20件に1件の割合か。しかも、電話だと話も続かない。私は1週間ほどで、電話での選挙活動から撤退した。戸別訪問が再開するまで、ボランティア活動を一時的に中止することにした。ボランティア活動の詳細は後編に譲る。

次章では、トランプの生い立ちや父親からの厳しい教えや、成功と失敗を繰り返したビジネスマンとしての手腕、さらには、80年代後半から抱き続けた大統領への野心がオバマ大統領から嘲笑されることで、16年の出馬へと決意するに至った軌跡を描く。

第3章

ウソと陰謀論の亡者を生んだ「屈辱の夜」

ドナルド・J・トランプは1946年6月14日、ニューヨークの郊外クイーンズで、ドイツ系移民の3世として生まれる。5人兄弟姉妹の次男だった。

父親フレッドは、ブルックリンで中低所得者向けの住宅建設業を営む立志伝中の人で、病気がちな母親のメアリーは専業主婦だった。

トランプの祖父はドイツに生まれ、祖国の兵役を忌避《きひ》するためアメリカに渡ってきた。その後、カナダに移り住み、飲食店や売春宿などを営んで財を成す。幼馴染と結婚してからニューヨークに移り住み、トランプの父フレッドが生まれる。

祖父は理髪店やホテルなどで働きながら、不動産を購入した。これが、後にトランプ家の家業となる不動産業の始まりとなる。しかし、スペイン風邪が猖獗《しょうけつ》を極めると、祖父はこの流行病にかかり急死する。

祖母の後ろ盾を受け、フレッドが家長となる。「物心ついたときから建築家になるのが夢だった」というフレッドは15歳で、祖母と建設会社を設立する。

トランプの母親でスコットランド出身のメアリーは、ニューヨークに渡ってくると、フレッドとダンスパーティーで知り合い、結婚した。

フレッドは仕事中毒で、土日も関係なく働いた。家でもスーツにネクタイを締めているような堅苦しい男で、愛想もなく人付き合いも下手だった。

フレッドは第二次世界大戦から復員してきた兵士とその家族のためにアパートを建て、建設業者としての地歩を固めていった。それが可能となったのは、フレッドも父の先例に倣《なら》い、軍隊に入らずに、仕事の経験を積んでいたからである。

トランプ自身も、ベトナム戦争で多くの若者が徴兵される中、5回にわたり徴兵猶予を手にし、戦地へ行くことを免れている。

弱さこそが最大の罪

フレッドはその後、ブルックリンやクイーンズに、政府の補助金付きの集合住宅の建設を請け負い、中流家庭向けに貸し出し、家賃を集金したり、住宅を修理したりした。戦後、急増する市民の住宅の受け皿となり、事業は拡大した。

フレッドが子どもたちに教えた人生訓とは、人生とは戦いであり、必ず勝者と敗者が存在する。勝てないということは負けることであり、負けると、とことんやられる。負けることは、自分の存在が無になることだ。弱さこそが最大の罪である。だから、必ず勝者になれ、と教えた。

トランプは、地元の私立の小学校に通った。しかし、子どものころから手の付けられないいじめっ子だった。年少の生徒を罵倒したり揶揄《やゆ》したりするだけにとどまらず、暴力沙汰まで引き起こしたため、学校にとどまれなくなってしまった。

父フレッドは、トランプを、規律が最も厳しい《ニューヨーク・ミリタリー・アカデミー》に送り込むことを決めた。家族の子どもたちはそのことを「矯正施設送り」と呼び、トランプ自身も、これが罰であることが分かっていた。

トランプが日本でいう中学と高校生活を過ごしたのは、全寮制の男子校で、陸軍士官学校を模して造られた。全員が兵舎で眠り、毎朝、夜明け前に起床ラッパで叩き起こされた。退役軍人が指導教官となり、体罰や罵倒は日常茶飯事で、上級生からのしごきもあった。

同校を卒業後、トランプはニューヨークのフォーダム大学に入学し、名門ペンシルベニア大学のウォートン・ビジネス・スクールに移って卒業する。

大学を卒業すると、父親が経営する複数の企業を束ねる《トランプ・マネジメント》（後の《トランプ・オーガナイゼイション》）で役員として働き始める。ニューヨークのブルックリンとクイーンズ、スタテン島に自社が所有する1万4000戸超のアパートを管理した。入社後、トランプは仕事の一環として、体格のいい担当者と一緒に家賃の回収のためにアパートを回った。家賃回収について最初に学んだことは、ドアをノックする際は、「決してドアの前に立たないということ」だった。

取り立てのためにドアをノックをしただけで、住人から銃で撃たれる危険があるからだ。トランプには、父親の仕事が自分にとっては荒っぽすぎると映った。そして、子どものころから憧れたマンハッタンで、いつか仕事をしたい、との思いを募らせる。

恩師は悪徳弁護士

トランプが父の会社に入社した69年の前年は、アメリカで《公正住宅法》が成立した年にあたる。この法律は、住宅の売買や賃貸などにおいて、人種差別を含むあらゆる差別をしてはならない、と定めた法律。その前段にはアメリカ史に特筆される、人種差別を撤廃する64年の公民権法の成立がある。

司法省は73年、《トランプ・マネジメント》社が公正住宅法に反し、黒人の入居を意図的に拒んだという理由で同社を訴えた。黒人に対し賃貸物件の貸与を拒み、人種によって契約期間と契約条件を変更した、と主張する。

しかし、ニューヨーク・タイムズ紙が訴訟の翌日の一面でこのニュースを伝える記事の中で、トランプは訴えを全面的に否定している。

「俺達が、人種差別しているという主張は絶対にバカげている。これまで一度も差別したことはないし、今後も決してない。これまでもそうした誹謗《ひぼう》中傷にもとづく訴訟はあったが、それらのすべてで勝訴している」(同紙　73年10月16日付)

司法省は、なにも禁錮刑や罰金刑といった重い量刑を求めていたわけではない。訴えによりトランプ親子が改悛《かいしゅん》し、今後は人種差別をせずに賃貸契約をすると約束するならば、それで矛《ほこ》を収めるつもりだった。要は、ちょっとお灸をすえるぐらいのつもりだった。

しかし、トランプは、悪辣な弁護士ロイ・コーンを雇って、司法省が虚偽の告発と誤解を招く提訴をしたとして、1億ドルの賠償金を求めて反訴した。

その後、トランプの恩師《メンター》となるロイ・コーンとは、終戦直後に起こったアメリカ史の汚点と深く結びついた人物だった。

当時、アメリカに充満していた共産主義への恐怖を悪用し、政府内に多数の共産分子がいるというデマを作り上げ、〝赤狩り〟という名の魔女狩りを行ったジョセフ・マッカーシー上院議員の右腕となった男である。

ジョセフ・マッカーシーは50年、米政府では200人を超す共産党員が働いている、と発言し、アメリカの注目を一身に集めたが、その主張には何の根拠もなかった。根も葉もないウソであり、陰謀論だった。ロイ・コーンは、そのマッカーシーの懐刀《かいとう》として暗躍した。

アメリカに吹き荒れた《マッカーシズム》は、しかし、すべてがウソであることが露見し、54年にマッカーシーが上院で譴責決議を受けた後は、酒におぼれて死去している。

それから約20年後、たまたまトランプの窮状を知ったロイ・コーンは、「私の考えでは、この件を法廷に持ち込んで争うべきだと思う。きみが差別を行ったという事実を向こうに立証させるんだ」

と言って、トランプをけしかけた。

トランプは『トランプ自伝』にこう書いている。

「ロイ・コーンこそ、この事件を扱うのに最適な人物だと感じた。ロイが立派な人格の持ち主だと言うつもりはない。彼は清廉潔白とは言いがたい人間だ。ロイはとにかくたくましい人物だった。彼にとっては誠実さの次にタフであることが最も重要だった」

トランプ側の反訴は早々に退けられ、トランプ側は和解に追い込まれた。実質的な敗訴だった。だが、トランプは、自分たちは何も間違ったことはしていないと言い張り、勝利宣言までした。

トランプはこの係争で、ロイ・コーンから重要な人生訓を学び取る。

決して簡単に和解するな。誰かが歯向かってきたら、その何倍もの力で殴り返せ――という戦法だ。ロイ・コーンはトランプに、裁判を使った〝ストリートファイト〟を伝授したのだ。

しかし、ロイ・コーンの人生の最終盤で、トランプは彼を裏切る。

ロイ・コーンは80年代に入ると、肝臓がんと診断され、さらにヒト免疫不全ウイルス《HIV》にも感染していることが分かり、病院で死の床に就いていた。追い打ちをかけるように、ニューヨーク州最高裁判所が、弁護士としての「不品行は許しがたい」としてロイ・コーンから弁護士資格を剝奪した。

トランプは『トランプ自伝』で、ロイ・コーンの性的指向をこう暴露している。

「ロイの友人はみな彼がゲイであることを知っていた。仕事の場以外で彼を見かけると、必ずハンサムな若者と一緒だった。しかしロイは決してそのことにふれなかった。ゲイというイメージが嫌いだったのだ。普通の人はゲイと言えば軟弱な男を想像する、と彼は思っていた。そしてそんなふうに見られるのを避けるため、あらゆる手をつくした。ゲイの権利のことが話題にのぼると、ロイはまっ先にそれに反対した」

人生の最後の闘いの最中にあるロイ・コーンは、

「彼が私にこんなことをするなんて、信じられない。ドナルドはまったくの冷血漢だ」

と嘆いた。

真実の誇張

ロイ・コーンを裏切った後でも、トランプはその教えを忠実に守った。

USAトゥデイ紙は16年6月1日付の記事で、トランプがそれまでにかかわった訴訟件数は3500件を超え、その前年に大統領への出馬を表明した後だけに限っても70件が追加された、と伝えている。「大統領候補者が抱える訴訟件数としては、前例がない」と書いた。

70年代半ば、トランプは、父親の政治的なコネを使い、さらに資金援助を受け、ニューヨークの中心街であるマンハッタンでの不動産事業に乗り出す。

ニューヨーク市を東京にたとえると、ブルックリンやクイーンズが下町なら、マンハッタンは山手線の内側にある一等地の銀座や丸の内となる。10代のころから、トランプは華やかで危険な香りがするマンハッタンに憧れてきた。

まずは旅客鉄道の駅近くにあったホテルを買い取って改装し、業界の老舗であるハイアットと組んで《グランドハイアット ニューヨーク》として営業を再開した。その後、目抜き通りに《トランプ・タワー》を建てた。さらにニューヨークの歴史的建造物である《プラザホテル》も買収した。

その中で、トランプの最大の実績として称賛されるのは、5番街に建てた《トランプ・タワー》だ。

完成したトランプ・タワーの分譲マンションには、マイケル・ジャクソンやスティーブン・スピルバーグなどの有名人が多く入居した。商業エリアには、宝飾ブランドのカルティエやブチェラッティ、女性鞄のシャルルジョルダンなどの有名店が軒を連ねた。

トランプと家族は、3フロアからなるペントハウスで暮らし、それとは別に、トランプ自身も1フロアにオフィスを構えた。

実際は58階建てでありながらも、トランプは68階建てとして売り出した。もし部屋を借りるなら、階数が上の方が、借り手が得した気分になるという理屈からだ。トランプは、より高い建物の方が価値も高くなる、と考えた。

トランプ自身は、このことを「真実の誇張」と呼ぶ。

『トランプ自伝』にはこう書いている。

「宣伝の最後の仕上げははったりである。人びとの夢をかきたてるのだ。人は自分では大きく考えないかもしれないが、大きく考える人を見ると興奮する。だからある程度の誇張は望ましい。これ以上大きく、豪華で、素晴らしいものはない、と人びとは思いたいのだ。／私はこれを真実の誇張と呼ぶ。これは罪のないホラであり、きわめて効果的な宣伝方法である」

真実の誇張という言葉は、その後のトランプを理解する上でのキーワードとなる。トランプにとって事実かどうかは重要ではなく、自分がよくみられるのなら多少のウソは許される。ウソも繰り返し言えば、人びとはそれを信じるようになる、と考える。

6回も倒産

80年代に花のマンハッタンで名を上げるのと相前後してトランプは、私生活においてチェコスロバキアのスキー選手でモデルだったイバナ・ウィンクルマイヤーと出会い、最初の結婚をする。その後、長女イバンカを含む3人の子どもをもうける。

しかし、タブロイド紙がその後、トランプと若いモデルであるマーラ・メイプルズとの浮気をすっぱ抜くと、トランプの離婚劇と再婚は数年にわたりタブロイド紙にネタを提供し続ける。トランプが浮気に走った原因は、子どもを産んだ女性に「性的な魅力を感じられなくなったから」というもの。ニューヨーク・ポスト紙が、メイプルズの言葉である「人生で最高のセックス」という見出しを、トランプのにやけ顔の写真と一緒に1面に掲げたこともあった。

すったもんだの挙句、トランプはイバナと離婚した後、マーラと2度目の結婚をする。その結婚も数年で破局を迎える。トランプは、スロベニア出身のモデルであるメラニアと3回目の結婚をしている。結婚と離婚を繰り返す間、5人の子どもができた。このメラニアは、トランプが大統領となった後、ファーストレディーとなる女性である。

大方の日本人が知っているトランプは、大統領選挙に出馬した以降のトランプだろう。70歳手前の老境に入ってからの、オレンジ色の髪の毛をした、怒れる老人としてのトランプではないのか。そのトランプがどうして3回もモデルと結婚できたのか、と訝《いぶか》る向きもあるかもしれない。

しかし、若き日のトランプは、プレイボーイとして名を馳せた。

ニューヨーク・タイムズ紙は、トランプの紹介記事をこう始めている。

「彼は背が高く、ほっそりとして、ブロンドの髪を持ち、歯はまばゆいばかりに白い。そう、彼は、ロバート・レッドフォードによく似ている」（76年11月1日付）

雑誌プレイボーイ誌の表紙に、白のシャツに蝶ネクタイを締めて現れたこともある。トランプの隣にいる長髪の女性が、媚《こび》を売るような視線を投げかけている。巻頭記事は、トランプのロングインタビューだ。

自分のことが書いてある記事を読むのが何より好きで、テレビ番組から声がかかれば飛んでいったというトランプは、40年近く積極的にマスコミに露出してきた。アメリカ人の網膜には、約40年分のトランプのイメージや映像が蓄積されており、その延長線上に今日のトランプを見ているということを日本人が理解するには、少しばかりの想像力が必要となる。

マンハッタンの建築事業を進めるのと並行して、トランプが目を付けたのが、ニュージャージー州アトランティックシティーにあるカジノとホテルを一体化した経営だった。財政が厳しくなったニュージャージー州は、同市でのギャンブルを合法化して窮状を乗り切ろうとした。

トランプはそこに勝機を見出《みいだ》した。アトランティックシティーを、自分の力でラスベガスをしのぐギャンブルの街にしようと目論《もくろ》む。

カジノライセンスを獲得したトランプは84年、最初のカジノホテルをオープンした。そこでやめておけば、問題はなかった。しかし、欲をかいたトランプは翌年、大手ホテルチェーンが作りかけて途中で断念したカジノを買収して完成させた。

ニューズウィーク日本版はこう書く。

「これはあきれるほど愚かな取引だった。競合するカジノホテルを2つ手に入れるのは、2倍の賭け金を積んで勝率を半分にするようなもの」だった（2016年9月8日号）。

だが、トランプはこれで満足することなく3軒目のカジノホテルとなる《トランプ・タージマハル》に手を伸ばした。タージマハルは、部屋数1250室やアメリカンフットボール場2個分のカジノスペース、豪華なシャンデリアやきらびやかな従業員のユニフォームや衣装――。豪奢《ごうしゃ》をきわめたが、建設資金を高金利の債券に頼ったことと、トランプが先行した2軒のカジノホテルとの客の取り合いとなったことが重なり、大失敗に終わった。トランプ・タワーが事業家トランプの成功の象徴とするなら、タージマハルを含むアトランティックシティーでのカジノ事業は敗北の塊だった。

困ったときの頼みの綱は、いつも父フレッドである。トランプは父フレッドから生前、合計4億ドルの贈与を受け取っている。

トランプがカジノ事業で金策も尽きた時、フレッドが小切手を使い、タージマハルで350万ドル分のチップを買った。カジノでそのチップが使われることはなく、フレッドからトランプへの資金援助だった。

そうした金策もむなしく、結局、3軒のカジノ全部が倒産した。倒産はそれだけにとどまらない。トランプが経営する企業は、合計6回倒産している。

トランプは、銀行に「殺されそうだ」と家族に話している。それまで気前よくトランプにお金を貸していた銀行が、借金の取り立てに殺到した。トランプには当時、多額の借金があったため、債権を取りはぐれないよう、銀行の担当者がトランプのもとに殺到した。

ある銀行の弁護士はこう語った。

「トランプは殺すより生かしておいたほうが良い」と。

その線で話がまとまり、トランプにはヨットやジェット機などを手放させ、多くの株式も借金の代わりに銀行が引き取り、トランプに経営を続行させた。

つまり、90年代、首の皮一枚で、トランプ帝国は破滅を免れた。

トランプはこの頃、本業より私生活の方が悪目立ちする〝お騒がせ経営者〟といった立ち位置だった。

父親から多額の援助を得ながらも、何度も倒産を繰り返した企業経営者としてのトランプの成績表には不合格の烙印が押される。

大統領選への野心

トランプが最初に大統領選への野心を抱いたのは、87年のこと。

その年の秋、ニューハンプシャー州の海岸沿いの町ハンプトンに住む家具職人で、共和党員だったマイク・ダンバーがトランプを大統領選に担ぎだそうと考え、地元の講演会に招いたのが契機となった。

マイク・ダンバーは新聞記事を読んでトランプのことを知り、8月にトランプ・タワーの事務所を訪ねた。「今まで見たこともない大きな石の机」を挟んで、トランプと向き合い講演を依頼すると、トランプは快諾した。

しかし、トランプは当時、まだ大統領に立候補する気はなく、半年後に、サイン入りの『トランプ自伝』とともに、トランプの感謝を伝える手紙がマイク・ダンバーの元に送られてきた。

この頃からトランプは、大統領選を意識して、積極的に自分の政治的意見を発信し始める。

大統領に担ぎ出そうとする支持者の出現に気を良くしたトランプは同年9月、ニューヨーク・タイムズ紙やボストン・グローブ紙などに、日本をはじめとする同盟国は、自国の安全保障の対価を支払うべきだ、とする全面の意見広告を掲載した。副題には「ドナルド・J・トランプからの公開書簡：なぜアメリカは自分たちで防衛できる国々の防衛費を払うのをやめるべきか」とある。

この書簡で、トランプは、石油の輸送網の確保にアメリカが国費と国防力を投じているのはおかしい、と説く。石油のサプライチェーンに恩恵を受けている日本やサウジアラビアなどの金満国家に負担を求めるべきだ、と主張する。主にバブルが弾ける前の日本が槍玉に挙がっている。短い書簡の中に、日本という単語が6回も出てくる。

バブル景気のマジックのせいではあるが、当時、日本の地価総額がアメリカの4倍にも上がった時期だった。日米摩擦は当時、大きな政治問題だった。トランプは、そこに的を絞った。

「われわれにとっては必要ではなく、われわれの助けを要しない同盟国に向けて原油を運んでいる外国籍の船を護衛しているアメリカの政治家たちは、世界の笑い者になっている」

後にトランプが掲げるアメリカ第一主義の萌芽を、ここに見出すことができる。

広告の効果はすぐに表れた。

広告を載せた当夜、トランプはCNNの名物インタビュアーであるラリー・キングのトーク番組に呼ばれ、広告の真意を尋ねられる。

番組の冒頭で、億万長者の不動産開発者であるトランプはホワイトハウスを目指しているのか、それともただのはったりなのか、と紹介されている。

トランプは、「大統領になる気はない」と明言しながらも、「アメリカは、日本などの裕福な国にぼったくられており、アメリカ自身が巨額の財政赤字を抱えている現状では、同盟国のことよりアメリカを優先に考えるべきだ」と憂国の士のように、伏し目がちに話している。

しかし、「大統領になる気はない」という発言もトランプの十八番《おはこ》のウソ。

翌88年の大統領選挙を戦ったのは、共和党のジョージ・H・W・ブッシュと、民主党のマイケル・デュカキス。ブッシュが共和党の候補者に決まると、トランプはブッシュの側近を通して、自分を副大統領として売り込んでいる。

ブッシュはできるだけ多くの候補者を俎上《そじょう》に載せて検討しようとした。だが、その中で唯一の例外がトランプだった、とブッシュの伝記作家は書いている。トランプの申し出は、「奇妙で信じられなかった」とブッシュには思えたからだ。ブッシュはこの時、上院議員のダン・クエールを副大統領候補に選び、大統領選を制している。

本人の意欲とは反し、88年時点でのトランプは、政治の世界では箸にも棒にもかからない存在だった。

それでも、トランプは、虎視眈々《こしたんたん》と次のチャンスを狙った。

黒人少年らに死刑を

トランプは翌年にも新聞に全面広告を打つ。

89年4月、ニューヨークのセントラルパークで、ジョギングをしていた20歳代の白人女性が、強姦された上に瀕死の重傷を負う事件が起こった。アメリカを震撼《しんかん》させた《セントラルパーク・ジョガー事件》である。

逮捕されたのは、14歳から16歳までの5人の少年たち。4人は黒人で、1人はメキシコ系だった。

時のニューヨーク市長は、市民は憎悪に溺れてはならないと呼びかけたが、一方、トランプはこの機に乗じて政治の世界で名を上げようとした。

トランプは事件の直後、ニューヨーク・タイムズ紙を含む、地元紙4紙の一面を買い取り、「死刑を復活させよ。警察を復権させよ！」という意見広告を載せた。

そこで「われわれの家族と家を守るために警察に託しているはずの、法と秩序はいったいどうなってしまったんだ」と問い、ニューヨーク市の治安が「うろつく野蛮な犯罪者集団」によって恐怖に陥れられていると描き、犯罪者たちに対し、「われわれの安全が脅《おびや》かされた時、ヤツらの市民としての権利はなくなる」と宣言している。5人の容疑者を死刑にするべきだ、と主張したのだ。

トランプが大統領になった後でも好んで使う「法と秩序」という言葉が、ここに顔を出す。

その直後、トランプは記者会見を開き、激昂《げっこう》した表情でこう語っている。

「俺はその女性を残酷に強姦したヤツらを憎んでいる。本当だぜ。それは怒りというだけでは不十分で憎しみだ。そして俺は社会も同じようにヤツらを憎んでほしい」

ジャーナリストで『熱狂の王 ドナルド・トランプ』の著者であるマイケル・ダントニオは、テレビ番組でトランプの一連の行動をこう解説している。

「トランプの言葉の裏には、5人の有色人種の未成年者が、白人女性にひどい暴力をふるい、みんなが怒り心頭となっているということがあります。彼らは白人であるわれわれとは違うんだから、極刑をもって処するべきだ、という気持ちがあるのです」

黒人男性と白人女性との間の性行為はアメリカ最大のタブーの1つである。白人側からすると、われわれの女性がヤツらに寝取られた、という強烈な嫌悪を抱く。また白人至上主義者の立場からすると、白人の血が汚された、となる。合意の上の性行為であってもそうなるのだから、それが強姦となると、白人側の恐怖と憎悪は、感情のメーターを振り切るほど大きくなる。

奴隷解放宣言以前は、黒人男性が雇い主の白人女性に秋波を送ったと疑われるだけでも、鞭《むち》で打たれ、瀕死の重傷を負わされるほど社会的な禁忌《きんき》だった。

セントラルパークで容疑者となった5人の少年たちは、実は強姦事件と無関係だった。少年たちは警察から虚偽の自白を強要される。その自白も事件の内容と噛み合わなかったが、少年たちには、実刑判決が下った。

事件が冤罪《えんざい》であることが判明したのは02年のこと。別の事件で服役中だった男が、セントラルパークでの犯行を自白。ＤＮＡ鑑定の結果も、これを裏づけた。5人の無実が確定した。

冤罪の被告側弁護団はその後、トランプに人種問題を煽った広告を出したことに対する謝罪を求めた。

しかし、トランプはそれをこう言ってはねつけている。

「ヤツらは自白したんだ。今になって、自白を取り消すなんて、俺はいったい誰を信じたらいいんだ」

ニューヨーク市は14年、5人と和解して4000万ドルの賠償金を支払うが、トランプは、和解を「恥辱」とし、「和解は無罪を意味しない」という意見記事を新聞に寄稿している。

政策など二の次、三の次

トランプは99年から翌年にかけて、第3党だった改革党から大統領選挙へ出馬するかどうかを検討すると言い出し、世間の耳目を集めた。

改革党は、実業家ロス・ペローが92年、大統領選挙に出馬して総投票数の19％を獲得するという大健闘を果たした後、その次の96年にも出馬するための政治的なプラットフォームとして作られた政党だった。

その改革党からの00年の大統領候補者の1人としてトランプの名前が浮上した。きっかけは、改革党から出馬し、ミネソタ州知事に当選した元プロレスラーのジェシー・ベンチュラの後押しがあった。トランプは80年代後半から、プロレス団体である《WWE》のスポンサーを務めており、ジェシー・ベンチュラとはそのころから親交があった。

トランプは99年7月、ニューヨーク・タイムズ紙の取材に対し「もし改革党から大統領候補に選ばれたならば、俺はきっと立候補し、大統領に当選するだろう」と語っている（99年7月17日付）。

9月には、ウォール・ストリート・ジャーナル紙に、「アメリカは俺のような大統領が必要だ」という意見記事を書いている。「俺は今、大統領に立候補するかどうか考えている」で始まる1000語強の記事で、目立った主張と言えば、「俺が大統領になれば、同盟国との交渉でいい条件を引き出す」ということと、「大統領を1期だけ務めたら、後はニューヨークに戻って俺の愛する仕事である不動産開発業に戻る」と書いているぐらい。具体的なことは、これから出版する本で説明する、という宣伝のような文句で終わっている。

トランプが出馬を検討すると表明したのは同年10月、CNNのトーク番組に出演してのことだった。「来年の1月までに、大統領選に出馬するかどうか検討するために候補選出委員会を作る」と語った。こうした曖昧な形にしておけば、選挙に出馬しなくても、大統領候補のようにふるまうことができるからだ。

番組では「改革党の大統領候補になるのは簡単だが、大統領になれないのなら出馬しない」と、トランプは語っている。

その当時のテレビ画面に映し出されているのは、だれでも彼でも口汚く罵り、右翼の陰謀論を振り回す以前の落ち着いたトランプだが、改革党で指名を争うことになるだろう超保守派の政治家パット・ブキャナンに関して訊かれると、「ヒトラーが好きだなんて本に書くヤツが、改革党の指名を受けられるわけがない」とこき下ろした。ブキャナンが自著で「ヒトラーはアメリカの国益を脅かすような行動はとっていなかった」と書いていたからだ。

また、クリントン大統領について尋ねられると、実習生だった20代の女性との不倫騒動は不幸な出来事だったが、もしクリントン夫妻が、トランプが所有するゴルフコースに来てくれるのなら、「非常に名誉なことだ」とも語っている。16年の選挙戦で、「ヒラリーを収監しろ」が、トランプ支持者の間で合言葉となることを考えれば、同一人物の発言とは思えないほどの落差がある。

トランプの主要な政策としては、富裕層に増税を課すことや、雇用者の国民皆保険制度の導入、同性愛者の軍隊への入隊許容などが、主な柱となった。人工妊娠中絶に関しては、「俺は、女性が選択する自由を尊重する」という中絶擁護派《プロチョイス》の立場を表明している。

第1章で描いた、20年の支援者集会でしゃべっているトランプとはまるで別人のような政策である。

富裕税や国民皆保険制度といった政策は、20年の大統領予備選で、トランプが「クレージー」と呼んだバーニー・サンダースなどの民主党左派が唱えた政策である。

実際、トランプは99年、共和党から改革党に鞍替えした後で、民主党と共和党の間を行き来し、15年に共和党から大統領選に出馬するまで、所属政党の変更回数は少なくとも5回に及んだ。

一見すると、一貫性がないようにも、また、節操がないようにもみえる。しかし、トランプにとって一番大事なことは大統領になることであり、政策を含めたそれ以外のことは二の次、三の次なのだ。ただ大統領になりたい、という点で初志貫徹しているのだ。

00年の大統領選挙については、当初からトランプの出馬の真意を疑う声があった。ニューズウィーク誌は、「もし少しでも真剣に考えてみるのなら、トランプが出馬するかもしれないという話は、単なる売名行為にすぎないと分かるだろう」という評論を載せている。ロサンゼルス・タイムズ紙は、「トランプが政治とコメディーの境界線をなくした」と題した記事を書いた。極めつけは、フォーチュン誌が、「俺はお金を稼ぐために大統領選挙に出馬した最初の候補者となるかもしれない」とトランプが自慢げに語る言葉を引用したことだ。

共和党はテキサス州の知事だったジョージ・W・ブッシュを擁し、民主党は副大統領だったアル・ゴアを立てた選挙戦で、トランプが勝つ見込みは皆無だった。各種の世論調査では、ブッシュやゴアと戦う以前に、改革党での候補者選びの予備選挙においてさえ、3番手、4番手につけるという体たらくぶりだった。

結局、トランプは、後見人であったジェシー・ベンチュラが、改革党の内紛に嫌気がさして離党すると、大統領選には立候補しないことを発表した。

当時のプレスリリースには、「（白人至上主義者の団体であるＫＫＫ《クー・クラックス・クラン》最高幹部）デービッド・デュークが、ブキャナンを支持するため改革党に入党することを決めたことを知った。改革党は、ＫＫＫのメンバーやネオナチのブキャナン、それに共産主義者の（レノラ・）フラニに乗っ取られている。俺はそんな党と付き合うのはまっぴらごめんだ」と、トランプは記している。

結局、改革党は、ブキャナンを大統領候補に選ぶ。11月に行われた本選挙で、ブキャナンは44万票超を集めるが、それは総得票数全体の１％にも満たなかった。

ブッシュが勝利を収めた00年の選挙だけにカメラのレンズを近づけて接写するなら、トランプの出馬騒動は改革党内のコップの中の嵐でしかない。しかし、レンズを引いて、16年、20年の大統領選挙までを焦点に入れ、理解しようとするのなら、この00年のトランプの行動を知っておくことには意味がある。

トランプの00年の出馬騒動は、世間では物笑いの種でしかなかった。ならば、なぜ16年の選挙で、数々の逆風を乗り越え、トランプは大統領に当選したのか。また、なぜ16年の選挙にトランプは打って出ようと思ったのか。この２つが大きな疑問として残る。

リアリティ番組出演

トランプが改革党からの出馬を諦めたころ、あるテレビディレクターが、トランプに目を留めていた。リアリティ番組『サバイバー』で数百万人の視聴者を獲得したディレクターが、都会を舞台にしたリアリティ番組を企画していた。アリが蜜に集まるように、若者が群れ集い、都会で鎬《しのぎ》を削るような番組が作れないものか、と考えていた。

番組を牽引するような好感度が高い人物で、精神的にもタフで、視聴者の興味を惹きつけることができる人物として、トランプに白羽の矢を立てた。番組を放送するのは3大ネットワークの1つであるNBCだ。

『見習い生《アプレンティス》』では、16人の若者を2チームに分けて競い合わせる。敗北したチームからは、毎週1人か2人が、トランプから「お前はクビだ！（You're fired!）」と告げられ、番組から去って行く。最終的な勝者が手にするのは、トランプのもとで見習いとして1年間働く権利である。トランプの決め台詞となる「お前はクビだ！」は、トランプのアドリブから生まれた。

番組は華やかで陽気で、ウォール街に象徴されるアメリカの実力主義を手本にしている。キャッチーな主題歌から始まる。『アプレンティス』は典型的なリアリティ番組であり、ゲーム的な要素とドキュメンタリーの要素、それにメロドラマとコメディーをうまく混ぜ合わせた仕上がりとなっていた。

初回が放送されたのは04年のこと。

番組はリムジンに乗って移動中のトランプの独白から始まる。

「俺の街、ニューヨーク。ここは世界経済の車輪が止まることなく回り続ける場所だ。比類ない力と目的を秘めたコンクリートで作られたこの大都市は、あらゆるビジネスを突き動かす。マンハッタンは厳しい場所だ。ここは本当のジャングルなんだ。ぼやぼやしていると、この街に飲み込まれ、吐き捨てられてしまうだろう」

「俺の名前は、ドナルド・トランプ。このニューヨークで最大の不動産開発業者で、至る所にビルを所有している」

「けれど、すべてが順風満帆《じゅんぷうまんぱん》だったわけじゃない。13年前、俺はドツボにはまった。何十億ドルもの借金を抱えた。だが、俺は猛然と戦い、そして大きな勝利を手にしたんだ。そのためには、自分の頭脳や交渉術を駆使した。それらのすべてがうまくいったおかげで、俺の会社は今、以前よりもはるかに大きく、力強くなった」

「俺は今、一緒に働く見習いを探しているところだ」

おもしろければいい娯楽用テレビ番組では、事実確認《ファクトチェック》など働くはずがない。

番組は、トランプが決してニューヨークで最大の不動産開発業者ではないことや、トランプが経営する企業が依然として倒産の危機に瀕している事実には、目をつぶった。

成功した起業家イメージ

番組が成り立つためには、トランプの下で見習いとして働くという褒賞がどれほど魅力的であるのかを描くことが大前提だった。トランプはビジネス界における理知的な大立者《おおだてもの》であり、生まれついてのリーダーだと描かれている。

それが成り立つためには、出演者の誰一人としてトランプを批判しないことが必要だった。実際の番組では、トランプがいないときでさえ、参加者はトランプへの賞賛を惜しまなかった。こうして、実社会でトランプが引き起こした浮気や離婚による女性問題の醜聞、さらには度重なる企業倒産もきれいさっぱり洗い流される。

トランプの参加者に対する攻撃的な物言いも、番組では、子どもを思う父親の愛情に裏打ちされた叱責へと変換される。なんといっても、トランプは家族思いで、天賦の才能を持ったビジネスマンなのだから。参加者はトランプの意見を、それが否定的なものであっても、ありがたく受け入れる。

忙しい本業の合間を縫って番組に現れるという体裁で出演しているトランプは、いつでも番組をすっぽかすことだってできる。もちろん、1回出演するたびに約10万ドルを手にしていたトランプが、番組の収録をすっぽかすことなど一度もなかったわけだが。

2000万人のアメリカ人が初回の放送を見ると、『アプレンティス』はドル箱番組となった。シーズンの終わりには視聴者数が2700万人に上り、視聴率では全米7位に入った。番組が始まる前、トランプは最初のシーズンだけに出演する予定だったが、以後10年間にわたり出演することになる。アメリカ人の眼底には、テレビに映し出された、成功した起業家然としたトランプのイメージが焼き付けられた。

日本人には、この『アプレンティス』に出演したトランプのイメージが欠落している。『アプレンティス』は、ＤＶＤもほとんど流通しておらず、第1シーズンが中古品としてアマゾンなどのネット通販で買えるだけなのだ。

ニューヨーク・タイムズ紙の記者で『トランプ王国』の著書があるティモシー・オブライエンは、公共放送サービス《PBS》の番組でこう語っている。

「トランプはそれまで長い間、冗談のネタとして扱われてきたが、『アプレンティス』に出演したために大逆転を果たした。真のキャリアを持った信用できるビジネスマンとしてアメリカ人の目に映るようになった。リアリティ番組のスターとなったトランプは、現実の政界でもスターになれるかもしれない、と考えるようになった」

トランプの政治顧問を務めるロジャー・ストーンは、同じ番組でこう語っている。

「いつも完璧な照明を当てられ、服装から髪型まできれいに整えられたトランプを見た視聴者は、16年の選挙での投票者になった。番組は、トランプが大統領になるための最大の武器となった。エリートの中には、たかがリアリティ番組じゃないか、と言う人もいるだろうが、テレビのニュース番組も、ほかの娯楽番組も、同じテレビ番組なのだから」

トランプ自身も15年、ワシントン・ポスト紙の取材にこう答えている。

「『アプレンティス』で得た尊敬、知名度、そしてお世辞はこれまでとは比較にならないものだった。まさに次元が違ったのだ。俺は今、アメリカを再び素晴らしい国にするために（大統領選に）立候補するが、知名度の高さがそれを助けているのは事実だ」

トランプは『アプレンティス』への出演を機に、エンターテイナーとしての腕と話術を磨いていく。

同番組の高視聴率の余勢を駆って、トランプは04年、『サタデー・ナイト・ライブ』にホストとして出演した。１週間の時事ネタをコントやミュージカル仕立てにして生放送する人気番組。この番組に出演しただけで、週明けのニュースとして扱われるほどの影響力を持つカリスマ番組だ。

ブルーのスーツと赤のネクタイ姿で現れたトランプは冒頭で、「こうして『サタデー・ナイト・ライブ』に出演できて、本当に光栄に思う。でも率直に言って、俺がいまここにいることで、番組が得ているメリットのほうが大きい。俺ほど重要な人物はいない。俺ほど優れた人物もいない。俺は高視聴率を生み出すマシーンだ」と大見得《おおみえ》を切った。

翌05年には、エミー賞の授賞式で、麦わら帽子にオーバーオールを着て左手に干し草用のピッチフォークを持って、映画女優と一緒に、60年代に大ヒットしたテレビ番組『農園天国』のテーマ曲を歌い、聴衆から拍手喝采を浴びている。

こうしてトランプは、将来の大統領選出馬の可能性を探りながら、着実にテレビ映えする技術やノウハウを蓄えていった。

サラ・ペイリンに学ぶ

トランプが今日《こんにち》のトランプとなるには、『アプレンティス』を知るだけでは不十分だ。われわれが知っているトランプが誕生するには、トランプ自身がその大衆迎合主義《ポピュリズム》的な手法と、効果的なウソと陰謀論の操り方を学んだ政治家の存在を知る必要がある。

それは共和党が08年、ジョン・マケインを大統領候補に選んだ時の副大統領候補だったサラ・ペイリンである。対する民主党は、オバマとバイデンが正副大統領候補となった。

サラ・ペイリンは、アラスカ州ワシラ市市議会議員に当選したのを皮切りに、その後、同市長、アラスカ州知事を経て、副大統領候補にまで一気に駆け上がった。とは言え、08

年9月に開かれた共和党全国大会で、副大統領候補として最初の演説をするまで、アラスカ州以外ではほとんど無名の政治家だった。

しかし、灰色のブラウスに黒のスカートという地味な服装と、メガネをかけ髪を後ろで結んだペイリンが会場に姿を現すと、聴衆から割れんばかりの拍手が起こったため、なかなか演説を始めることができなかった。壇上近くには「ペイリン・パワー」や「ペイリンを支持するホッケーママ（ホッケーを習う子どもを送り迎えする母親）たち」などと書かれた手書きのポスターが何枚も躍った。

演説では、「私は小学校の教員だった両親のもとに生まれ、高校時代からの恋人である夫との間に生まれた5人の子どもの母親であり、19歳の長男は陸軍に入り、あと数日でイラクに派兵される予定だ」と語った。

聴衆が最も熱狂したのは次のサラ・ペイリンの言葉。

「私はこれまで小さな町に住むという幸運に恵まれてきました。私はその町では、あなたたちと同じようにホッケーママであり、ＰＴＡにも参加しました」

万雷の拍手の後、サラ・ペイリンがアドリブで放った一言。

「今、目の前で応援してくれているホッケーママたちが大好きなの。ホッケーママとやり手のキャリアウーマンとの違いが何だか分かる。口紅よ」

そう語り、口紅が塗られた自分の口元を指さした。会場の熱気が沸点に達した。共和党のスーパースターが誕生した瞬間だった。

次に聴衆が大きく反応したのは以下の言葉。

「私は旧来の政治の体制派ではありません。副大統領候補に指名されてからのここ数日で私が気づいたことは、ワシントンのエリート層に属していないと、その理由だけで、メディアはその候補者には十分な資格がないとして見下すということでした」

聴衆からの長いブーイングが続いた。

また州知事時代には、知事の専用ジェット機を売り払い、知事の公邸付きの料理人を解雇して州民の税負担を少しでも軽くしようとした、とも語った。庶民感覚を忘れず、既成の権力に取り込まれず、平均的なアメリカ人のために働く政治家像を描くことに成功した。

それまで8年続いたブッシュ政権では、職業政治家やエリート官僚が意思決定を牛耳《ぎゅうじ》り、9・11の同時多発テロ事件以来、アフガニスタンに侵攻した。そのあとイラクが大量破壊兵器を隠し持っているという誤った情報に基づいて、大統領であるサダム・フセインを捕まえ、処刑した。同時に、アメリカはイラクの内戦という泥沼に引きずり込まれて、アメリカ全体が疲弊していた。

国内では、サブプライムローンによる持ち家バブルが弾け、世界大恐慌以来の不況に陥り、人びとの生活は日を追うごとに苦しくなっていた。一方、不況の責任を負うべき金融業者のトップは、政府からの支援を受け、以前と変わりない裕福な暮らしを送っていた。

そうした不合理を生み出す政治が、腐敗していると映り、アメリカ国民は心底嫌気がさしていた。人びとが求めたのが、「チェンジ」を掲げる民主党のオバマであり、共和党では、彗星《すいせい》のごとく現れたサラ・ペイリンだった。08年の選挙ではオバマが勝ったが、共和党支持者の間でのサラ・ペイリンの人気は高まる一方だった。

その庶民的で分かりやすい語り口や立ち居振る舞いによって、サラ・ペイリンなら権力をエリートから大衆に取り戻してくれる、と共和党支持者に信じさせた。エリート層に対する不満が蓄積して爆発寸前だった、その気持ちの導火線に火をつけたのがサラ・ペイリンだった。

ウソと陰謀論という武器

そのサラ・ペイリンが相手を倒し、権力を手に入れる武器としたのが、ウソと陰謀論だった。

ジョン・マケインに対し、サラ・ペイリンを副大統領候補とすることを推薦した共和党の選挙参謀はテレビ番組にこう話している。

「サラ・ペイリンは平気でウソをつく人だった。ネット上のウソを拾い上げ、あたかも事実であるかのように話した。その後、アメリカの政界で事実と虚構や、真実とウソの間の境界線が消え去り、それが蔓延するようになったが、その出発点はペイリンが副大統領候補となったときにさかのぼることができる」

08年の選挙戦終盤でサラ・ペイリンは、オバマが70年代に極左集団の指導者だった〝テロリスト〟と交流があったとして、執拗に攻撃した。選挙戦で劣勢に立たされたマケイン陣営は、サラ・ペイリンを中心に据え、オバマを未知なる危険人物として有権者に印象付けようとした。

サラ・ペイリンがテロリストとしたのは、60年代のベトナム反戦組織の指導者で、国防総省を含む複数の政府機関に爆弾を仕掛けた人物だ。サラ・ペイリンは、オバマが「テロリストたちと仲よくしている」と繰り返し言い募った。オバマのことを「私たちが見るようにアメリカを見ていない」人物だと非難した。

しかし、事実は、2人が同じ慈善団体の理事として名を連ねただけだった。

サラ・ペイリンは、こうしたウソを平気で撒き散らす政治家のはしりであり、トランプ時代の先鞭《せんべん》をつけた。

サラ・ペイリンの真骨頂《しんこっちょう》は、大統領選挙で負けた後の09年、オバマが健康保険制度の改革に取り組んでいる時に発揮された。オバマ政権は、国民が所有している健康保険と併用して、国が運営する保険に加入することができることを骨子とした〝オバマケア〟を成立させようとしていた。

その行く手に立ちはだかったのがサラ・ペイリンだった。サラ・ペイリンは自らのフェイスブック上で声明文を発表して、こう述べた。

「私の両親やダウン症を抱えた私の子どもが、オバマが作った〝死の判定団〟の前に立たされる。そこでは官僚たちが社会における生産性という主観的な基準によって、健康保険の対象となるのにふさわしいか否かを振り分けるのです。それはまったく邪悪なやり方です」

これは、オバマの最大の政策課題である健康保険改革を邪魔するための、根も葉もないウソだった。

サラ・ペイリンが作り出した〝死の判定団〟という言葉は、政治発言の真偽を見定めて判定を下すネットメディアのポリティファクトによって、「その年の最大のウソ」に選ばれる。しかし、この陰謀論は、当初オバマ政権が考えていた以上に、国民に深く浸透した。とくに、民主党の支持基盤だったブルーカラーの白人がその話を信じた。背景には、ブルーカラーの人びとが抱く、エリートで成り立っている政治に対する抜きがたい不信感があった。

加えて、フェイスブックというSNSを利用して、人びとに直接メッセージを伝えるという手法が功を奏した。保守系のラジオトークショーやテレビ局がそれを素早く拾い上げ、さらに陰謀論を拡散した。

SNSの政治への利用方法や庶民的な言葉で語りかけることの重要さ、さらには陰謀論を使って世論を攪乱《かくらん》するサラ・ペイリンの方法を、詳細に観察していたのがトランプだった。

オバマの出生陰謀論

トランプは、国民の怒りがワシントンのエリート層に向けられていることを知り、人びとがオバマを社会主義者ではないか、イスラム教徒ではないかと疑い、さらにはアメリカで生まれていないのではないか、という疑問を抱いていることに気づいた。サラ・ペイリンの先には大統領に当選する方程式があると見通していた。

テレビのリアリティ番組で場数を踏んできたトランプは、オバマが再選をかけた12年の選挙に打って出ようとした。選挙戦に斬り込むための切り札としたのが、オバマはアメリカ以外で生まれているので大統領になる資格がない、という陰謀論だった。

アメリカ合衆国憲法は、「出生により合衆国市民である者、または、この憲法の成立時に合衆国市民である者でなければ、大統領の職に就くことはできない」と定めているので、もしも、オバマが海外で生まれて、後にアメリカの市民権を得ていたのなら、大統領になる資格はない。

このオバマの出生に関する陰謀論は、すでに右派がネット上で展開していたものをトランプが探り当て、全国ネットのテレビに出演し、喧伝することで、全米に知れ渡った。

オバマはすでに、簡略版の出生証明を公開していた。ハワイ州が発行した証明書には、オバマがホノルルで生まれたことが明記してある。

にもかかわらず、トランプはオバマの出生には疑いがある、として猛然と噛みついた。トランプはテレビのトーク番組やニュース番組に精力的に出演して、有権者の歓心を買うことに努めた。

「なんでオバマは、なぜ正式な出生証明書を見せないのか。そこには、何かオバマに不利になるようなことが書いてあるんじゃないか」（ＡＢＣ）

「オバマは、弁護士に何百万ドルも使って、この問題を揉み消そうとしてきた。俺がこの問題を取り上げるようになってから、突然、いろんな事実が表に出てきたんだ。そうして、俺はオバマがアメリカで生まれたのかどうかを自問自答するようになった」（ＦＯＸニュース）

「3週間前に俺がこの問題を調べ始めるまで、オバマはおそらくアメリカで生まれたんだろうと思っていたが、今は大きな疑問符がつく。簡略版の出生証明というのは、だれも書類にサインしてないんだ。もし、オバマがアメリカで生まれていないとしたなら、アメリカ史で最大のいかさまを働いたことになる」（ＮＢＣ）

「ケニアに住むオバマの祖母が『彼はケニアで生まれました。私はその場に居合わせて目撃したんです』と話すのが録音されている」（ＭＳＮＢＣ）

こうした発言の裏には、初の黒人大統領に対する差別意識が潜んでいる。ケニア生まれの父親を持つオバマは、本当のアメリカ人だろうか、と疑問を投げかける。しかし、08年に共和党の大統領候補となったジョン・マケインや、トランプ自身には同じ問いかけは起きない。トランプは、この騒ぎを起こした時、自分の出生証明を公表すると言いながら公表していないが、それは問題にはならない。ドイツ人とスコットランド人を父母に持つトランプは、建国の父たちに似た主流派のアメリカ人であるＷＡＳＰ《ワスプ》のように見えるからだ。

トランプはオバマの出生地に関する陰謀論の発信源となることで、大統領選の事前調査で支持率を高めることができた。これを踏み台に、今回は、共和党から正式に大統領選への出馬表明をしようと目論んだ。

機は熟したかにみえた。

オバマ政権は当初、この陰謀論を深刻にとらえていなかった。すでに、略式の出生証明で決着がついている問題に再び大統領自身が関わるのは、大統領職の威厳を損なうことにならないか、と危惧していた。

しかし、オバマが4月中旬に、予算に関する演説をしたとき、記者からの質問が出生地問題に集中したことから、ようやく重い腰を上げた。ホワイトハウスは、ホノルルから署名入りの正式な出生証明を取り寄せた。

トランプは4月下旬、大統領選緒戦の重要州であるニューハンプシャー州までヘリコプターで飛び、重要な発表があると言って記者団を集めた。

しかし、トランプがニューハンプシャー州に向かったタイミングを見計らって、ホワイトハウスは、オバマの正式な出生証明をメディアに公表した。トランプが記者会見用のマイクの前に立つ直前に、オバマ自身が、ホワイトハウスの記者団の前でこう話した。

「ホワイトハウスが先ほど、私の出生地についての追加の情報を発表した。実際に私は、

1961年8月4日、ハワイのカピオラニ産婦人科病院で生まれた」

それは簡略式の出生証明と同じ内容だった。

オバマに出し抜かれた格好のトランプは、集まった記者団に対し、

「俺は俺自身を誇りに思うよ。それまで誰もなしえなかったことを成し遂げたからだ。ヘリコプターでの移動中に、大統領がとうとう出生証明書を公開したと知らされた。よく見てみる必要があるが、本物だと信じたい。これで、やっと本当に大切なことについて話し合うことができるからな。マスコミも、この件で俺に質問するのをやめるだろう。けれど、オバマはもっと早く出生証明を公表するべきだったな」

と強がってみせた。自分で焚《た》きつけた出生問題の責任をマスコミやオバマに押し付けようとしたのだ。

トランプはこの後、12年の大統領選挙には出馬しないとの声明文を発表する。

オバマにおちょくられる

出生問題に片が付いた数日後、ホワイトハウス特派員協会が主催する恒例の晩餐会が、

ワシントンのホテルで開かれた。百年近い伝統を持ち、報道関係者のみならず各界の著名人が正装で出席し、その模様はテレビでも生中継される華やかな催しだ。式典の目玉は現職大統領のスピーチで、時事ネタや毒舌、冗談を交えながら、聴衆を笑わせるのがお約束だ。

トランプはその年、ゲストの1人として晩餐会に招待されていた。トランプは黒のスーツと白のシャツ、黒の蝶ネクタイという姿で現れた。

この日のオバマのスピーチは、初めからトランプをおちょくるのが目的だった。

オープニングのビデオには、「私は本物のアメリカ人《リアル・アメリカン》」というプロレスラーであるハルク・ホーガンの入場テーマ曲を使った。会場のスクリーンに映し出された星条旗を破って出てきたのは、オバマが公開したばかりの出生証明書だった。

その後も、アメリカの紋章である白頭鷲やラシュモア山に彫刻された4人の大統領の顔、カウボーイの後ろ姿やアンクル・サムなど、アメリカを連想させるイメージショットの間に、出生証明書を挟み込む。

オバマはこう話し始めた。

「アメリカ国民の皆さん、マハロ（ハワイの言葉で、ありがとう、の意味）。今日の晩餐会に出席できて大変光栄に思っています。それにしても、なんという1週間だったでしょう。皆さんはすでにお聞きになったかもしれませんが、ハワイが私の正式な出生証明を公表しました」

ここで聴衆が手を叩いて喜び、後方のテレビカメラが独特の髪型をしたトランプの姿をとらえる。

オバマがトランプへの直接の口撃を始める。

「ドナルド・トランプが今日、この場に来ています。最近、彼はいろいろと非難を浴びたようですが、この出生証明の問題が片付いたことを最も誇りに思っているのはドナルドなのです。というのも、これで、ようやく本当に大切なことに取り組めるからです。たとえば、月着陸はウソだったのか、というような問題です」

ここまで聴衆は大笑いしながら聞いている。口撃の矛先は、トランプの看板となったテレビ番組におよんだ。

「冗談はさておき、われわれは、これまでのドナルドの立派で幅広い経歴を知っています」

として、最新の『アプレンティス』の放送に触れた。

その回は、男性チームと女性チームが、ステーキハウスで即興の料理を提供した。だが、男性チームが敗北に終わる。その負けた原因を、男性の俳優のリーダーシップが欠けているとトランプが判断を下し、番組は大団円を迎える。

そこでオバマが真面目な顔で言う。

「こうしたことが心配になって、私は夜も眠れないのです。しかし、あなたの判断は間違っていませんでした」

聴衆が再度、爆笑した。

最後にもう一押し。

「もしトランプ氏が、ホワイトハウスの住人になれば、たしかに変化をもたらすでしょう」

そう言って、「トランプ・ホワイトハウス・ホテル・カジノ・ゴルフコース」と文字を入れたホワイトハウスのイラストを会場のスクリーンに映し出した。カジノで何度も破産しているトランプへの強烈な当てこすり。

トランプは満座の中で笑い物にされた。

オバマの毒舌と聴衆の笑い声に、サンドバッグのようにめった打ちにされた。トランプ、完敗である。

それまで1カ月以上にわたり、トランプが渋面を作って並べ立ててきた陰謀論を逆手に取り、そのすべてを笑いに変換するオバマの話術はトランプより一枚上手だった。役者が違った。古今東西、笑いの前で怒りはその力を失うものだから。

上機嫌で会場に入ってきたトランプは、しかし、オバマがスピーチを始めると、表情が固まり、それから、頭から湯気が出そうなほどに怒気を含んだ表情へと変わった。

復讐を誓った夜

この日、たまたまトランプの近くに座っていた雑誌ニューヨーカー誌の記者は、こう書く。

「トランプが受けた屈辱はあまりに絶対的で、私がこれまで見たこともないほどだった。さらし台に首を乗せられた男のように、笑いの波が襲ってきたときも、表情を変えることがほとんどなかった。うなずくことも、手を叩くことも、元気なふりをすることも、気弱に笑ってみせることもしなかった。トランプはあごを引いて、じっと座って怒りに耐えていた」

トランプはなによりも、物笑いのタネになるのを嫌った。

姪で、心理学者のメアリー・トランプは、叔父のトランプを描いた『世界で最も危険な男』で、トランプの無謀な誇張癖や分不相応な自信の裏には、病的な弱さと不安を隠しており、そのために、笑われたことは何年たっても執念深く覚えている、と指摘している。

この時の恥辱を受けたことが、トランプが16年に立候補する原動力となった、とニューヨーク・タイムズ紙は書く。

「あの夜、公の場で受けた屈辱は、トランプを政治の世界から遠ざけるのではなく、政界で確固たる地位を手に入れようとする獰猛なまでの努力を加速させた」（16年3月13日付）

トランプの政治アドバイザーであるロジャー・ストーンは、テレビ番組で直截にこう語っている。

「トランプはあの夜、（16年の）大統領選に出馬しようと決意したんだ、と考えています。笑い物にされたことで、やる気になったんでしょう。大統領選挙に立候補して、皆に目にもの見せてやろうと」

それはトランプにとって究極の復讐を誓った夜となった。次の16年の大統領選挙で当選して、現職大統領のオバマから、直接、ホワイトハウスの鍵を受け取る。それによって、今までトランプを馬鹿にしてきた政界関係者やマスコミ、批評家たちに一泡吹かせよう、と固く決心した。世界で最大の権力者である大統領の座に就くことでしか、トランプの受けた恥辱を拭い去ることはできなかった。

そう、トランプは復讐を果たすために大統領になることを決心したのだ。

翌12年11月、共和党の大統領候補だったミット・ロムニーが、現職大統領のオバマに敗れ去るのを見届けると、トランプは、ロナルド・レーガンが１９８０年に選挙に用いた「アメリカを再び偉大な国に！」というスローガンを商標登録して、16年の大統領選挙での雪辱を誓った。

次章では、新型コロナ騒動が下火になり、ボランティア活動が再開となった6月から、投票日直前までにかけ１０００軒以上を戸別訪問した様子について語る。

第4章

「共和党選挙ボランティア」潜入記（後編）

ミシガン共和党での戸別訪問が再開されるのは6月中旬のことだった。

私は戸別訪問を再開した初日、再びトランプの赤い帽子を被り、選挙用アプリが入ったスマートフォンを片手に歩き始めた。

季節はすっかり夏となり、気温も20℃を超え、強い日差しがミシガン州都ランシングの郊外の路面に反射していた。

国家非常事態宣言が出てから3カ月近くたつと、戸別訪問で聞く有権者の声に変化が表れ始めた。一定数の熱狂的なトランプ支持者は依然として残っている。しかし、共和党支持者だがトランプには投票しない、という声が目立つようになってきた。

共和党支持だがトランプには投票しない

以下の5人の男女は共和党支持者で、11月の選挙で上院議員と下院議員の選挙では共和党候補に入れるが、しかし、トランプには票を投じる気になれないという人たちだ。

　医療に従事しているというマイケル（83）は、新型コロナ後に、自宅の庭にあったトランプ支持の看板を降ろした。

「私は共和党員で16年にはトランプに投票したけれど、今回、トランプに投票するかどうかは、大いに躊躇《ちゅうちょ》する。トランプはまだ、新型コロナのワクチンどころか治療薬も出来上がっていない時期なのに、『心配はない』、『すぐに収まる』なんて口から出まかせを繰り返す。そんなふうに楽観視する根拠はどこにもない。過去を振り返っても、ワクチンで病気を封じ込めるのに成功したのは麻疹《ましん》ぐらいだ。80年代に大騒ぎになったヒト免疫不全ウイルス《HIV》だって、未だにワクチンはできていない。医療の素人であるトランプは、新型コロナの対策を専門家に全面的にゆだねるべきだ。テレビの記者会見に、毎日のようにしゃしゃり出てきて、専門家を無視して好き勝手にしゃべって、しまいには消毒液を体内に注射すれば新型コロナが消えていくなんて言っている」

　新型コロナに関するトランプのウソ、新型コロナは心配ないというウソが、トランプの首を絞めようとしている。

庭の草刈りをしていたデービッド（61）は、トランプのツイッターが嫌いだという。

「ツイッターを使った無用な個人攻撃が多すぎる。ミシガン州知事もその対象になっている。たしかに知事の新型コロナ対策は、全米一と言われるほど厳しかった。しかし、経済活動を再開する前に新型コロナを封じ込めなければならないという彼女の明確な政策には大いに賛成するよ。対するトランプは、新型コロナに関して無策すぎた」

カート（59）も同じ意見だ。

「前回はトランプに入れたけれど、今回は入れないだろうな。その言動が極端すぎて、共感するのが難しいことが増えてきたからさ。トランプはすぐにツイッターをやめるべきだな」

キンバリー（48）は、以前の結婚で夫から家庭内暴力《DV》の被害を受けたことがある、と言う。

「トランプの言動を見ていると、どうしても自分のＤＶの体験を思い出してしまうので、拒否反応が出てしまうわね。ジョージ・フロイドの事件の直後、ワシントンＤＣで催涙ガスを使ってデモ隊を追い散らしてたでしょう。あれを見てたら、トランプに投票するのは二の足を踏むわ。我が家には５人の娘もいるので、なおさらね」

夫を亡くして今は一人暮らしだというリンダ（74）もこう話す。

「我が家は祖父母の代からみんな共和党支持者なのよ。親戚も全員ね。減税と規制緩和で経済をよくするというトランプの経済政策には大賛成よ。けれど、何でも力ずくで解決したがる姿勢には問題があると思うわ。ブラック・ライブズ・マターの運動で、デモをする人たちに、武器を使ってでも抑え込もうとしているじゃない。それ以前に、もっと対話が必要よね。このままだと、トランプに投票する気にはなれないわね」

助っ人は中国系アメリカ人

1人で歩き回っていたボランティア活動に、助っ人が現れたのは6月下旬のこと。一緒に戸別訪問をやろう、と言ってくれたのは、中国系アメリカ人のグレース・ノリス（55）だった。ボランティアを取りまとめているコビー・トンプソンから私のことを聞いて連絡をくれた。

うちの近くのショッピングモールの駐車場で落ち合ってから、戸別訪問の場所まで移動した。

私と同じような年格好の女性で、オレンジ色の帽子を被り、白地に赤で「トランプのためのアジア系アメリカ人」と書かれたTシャツを着ていた。初めて見るTシャツだったので、どうして手に入れたのか、と訊けば、前回16年の選挙の際に作ったのだ、と言う。これまでに約70人をボランティア活動に勧誘し、選挙運動のため、朝から晩まで州内を飛び回っている。

共和党を支持するアジア人は珍しいな、と思いながら、彼女の話に耳を傾けていた。中国で生まれ北京の大学を卒業してから、アメリカに渡り、結婚後に国籍を取った。ミシガン共和党では16年の選挙からボランティアを始めた。なんと、今回は、彼女自身も、ミシガン州議会の下院議員選挙に立候補しているのだ。

彼女のプロフィール以上に、彼女が話す選挙情報の方が興味深かった。

「中国政府は今回の選挙のため、バイデンに1900万ドルを資金援助しているの。どうしてかって？　バイデンが20年前、中国に最恵国待遇の立場を与える法案に賛成したのが大きな理由の1つ。今度の選挙で、そのバイデンを当選させようと、在米の中国大使館や領事館が極秘に動いているの。〝CCP〟は、中国に対して強硬な立場をとるトランプが再選されるのを何よりも恐れているのよ」

――ええ、CCPって何のこと？

「チャイニーズ・コミュニスト・パーティーのことよ」

――あっ、中国共産党のことか。

「それに中国の企業から、ハンター（バイデンの息子）に15億ドルが手渡されているわ。ロシア経由でウクライナからも、ハンターにお金が渡っているのよ。中国共産党はなんとしても、バイデンを大統領に当選させて、陰からアメリカを操るつもりなのよ」

ウッソー、と思ったけれど、納得しているふりをして訊いてみた、どこでそんな情報を手に入れたのか、と。

「中国の内部に詳しい人が情報源なの」

そう真顔で話す彼女の顔をまじまじと見た。

トランプやその信者とは違った匂いがする陰謀論者が目の前にいるのだ。事実確認《ファクトチェック》しておくと、バイデンが以前に、中国に最恵国待遇を与える法案に賛成票を投じたという部分以外は全部ウソ。

ミシガン州の州議員選挙に自身も出馬しているとのことだったが、アジア系の候補者なら共和党ではなく、民主党から出馬した方が有利なのではないか、とも訊いた。

「たとえ当選する確率が高くなったとしても、民主党から出馬することは私の信念に反するの。民主党は共産主義に近いし、中国共産党に対して甘いでしょう。私は、中国は好きだけれど、中国共産党は受け付けないの」

グレース・ノリスは、私と一緒に回った戸別訪問先でも、彼女の〝マル秘情報〟を使ってトランプに投票するように熱心に説得していた。中国出身の彼女が、中国共産党に注意せよ、と言うのだ。

彼女と戸別訪問したのは、この日1日だけだったが、その後、ミシガンで開かれるトランプの支援者集会やイベントにボランティアとして参加しないか、と何度も連絡をくれた。中国共産党に関するウソを除けば、どこの国にでもいる世話好きの女性という感じだ。

結局、ミシガン州議員の選挙では民主党の候補者に大差で敗れたが、グレース・ノリスとは、いったい何者だったのか。

反中国共産党と結びつく

彼女の正体に気づいたのは、選挙が終わった12月のこと。トランプがジョージア州南部で支援者集会を開くというので見に行った。すると20人以上のアジア人が、トランプ支持者に新聞を配っていた。トランプの支援者集会でアジア人に出会うのは珍しい。しかもこんなにたくさん。私も新聞をもらうと《エポック・タイムズ》紙とあった。

1面トップは、「デトロイトの選挙の集計機はネットにつながっていた」というデタラメの記事が飾っていた。前文には、「ドミニオン（集計機のシステム会社）の社員や選挙の監視係によれば、集計システムはネットにつながっており、ハッキングできる状態だった」と書いてある（20年12月3日付）。

選挙の集計機がネットに接続されることはない。それがアメリカの選挙の大原則。よって集計機がネット経由でハッキングされることもない。

それまで私はトランプ支持者を取材してきたが、こんな大嘘を堂々と活字にする新聞を配るアジア人を見るのは初めてだった。彼らは一体何者だ、という興味が俄然わいた。

彼らが運転していた車には、「CCPがウソをつき、人びとが死ぬ。中国共産党には近づくな」と書いてある。

私は、新聞を配っている男性に名刺を渡し、話を聞かせてほしい、とお願いした。

中国系のアメリカ人であるエイブラハム・フー（37）という男性は、「車を交代で運転して、ニューヨークから15時間かけてやってきた」と話し始めた。その途端、妻だという女性が血相を変えて、私たちの間に割って入ってきた。

「彼はただのボランティアで、私が正社員なの。私は会社からマスコミに話していいって許可をもらっていないから、彼もしゃべれない」

と、えらい剣幕でまくし立てた。

新聞を発行している人たちが、マスコミの取材は受けられないというのは、奇妙な話だな、と思ったが、まぁいいか、と気を取り直してトランプ支持者の取材を続けていた。

すると、その私のもとに、エイブラハム・フーを連れた妻がやってきた。

今度は、猫なで声で話しかけてきた。

「私たちの新聞が最近、ニューヨーク・タイムズ紙に叩かれたんで、経営陣は取材を受けるのに神経質になっているの。エポック・タイムズ紙は、トランプ支持の立場に立って、本流のメディアと比べ、より事実に近いニュースを提供しているの。同時に、中国共産党には反対しているわ。なぜなら共産主義は、もうとっくに死んだからよ」

調べてみると、エポック・タイムズ紙とは、漢字表記では《大紀元》となり、中国共産党に弾圧されている宗教団体・法輪功《ほうりんこう》がアメリカで発行している新聞だった。反中国共産党という点でトランプと結びつき、トランプは同紙を「最も信頼できる新聞」と語っている（ロイター通信　18年4月26日付）。

一方、ニューヨーク・タイムズ紙は20年10月24日、エポック・タイムズ紙がフェイスブック上に大量の広告を打つことで、右派のウソを広める媒体となった、と伝えている。これが「ニューヨーク・タイムズに叩かれた」と話していた記事だろう。

法輪功＝エポック・タイムズ紙。

エポック・タイムズ紙＝トランプ支持＝反中国共産党ねぇ……。

もしや、と思って、私はエポック・タイムズ紙のネット版を開いた。

グレース・ノリスという名前を検索してみた。すると、11月の選挙後にミシガン州議会議事堂前で「選挙を盗むな」と書かれたプラカードを持った彼女の写真が載った記事を見つけた（20年11月23日付）。検索していくと、これを含む複数の記事が現れた。どうやら私は、知らず知らずのうちに法輪功信者とトランプの選挙活動をしていたようだった。

中指を立てられた

季節が夏から秋深くなり、選挙が目前に迫る。ミシガンの秋は木々の葉っぱが見事に色づき、最も美しい季節となる。しかし、トランプに投票するという共和党支持者からは、その再選を危ぶむ声が聞こえてきた。

通りの角にある大きな家から出てきた白髪の白人男性チャールズ（73）は、厳粛な口調でこう言った。

「トランプは勝つかもしれないが負けるかもしれない。その確率は50％対50％ぐらいかな。誰にとっても、われわれの最大の敵はわれわれ自身なんだ。それはトランプも同じ。トランプの敵は、制御できない自分の巨大なエゴなんだ。だから、もしトランプが負けた場合は、鏡に映る自分自身を責めるしかない」

少しならば時間があると言って、アンケートに応じてくれたジャクリーン（68）は、その後30分以上かけ、自らの不安を吐露した。

「保守系のラジオ番組を聞いていると、投票日になると、どこからともなく多くの隠れトランプ支持者が現れて、トランプが当選するような楽観的な話をするんだけれど、NBCやABCのニュースを見ると、トランプの再選は絶望的だというの。アメリカは今、大きく分断されているのよ。メディアだけじゃないわ。親戚同士であっても、支持する候補者が違うだけで口も利かなくなるのよ。本当にこの先、どうなってしまうのかしら」

なかには「トランプ以外ならだれでもいい」というポスターを掲げる家もあった。どうしても話を聞きたい、と私は何度も足を運ぶが、いつも留守だった。玄関に防犯カメラがついていたので、トランプの赤い帽子を見て、対応を拒否していたのかもしれない。

私がボランティアとして戸別訪問していると、16年にはトランプに投票したが、20年には投票しないという人が何人もいた。逆に、16年にはトランプに投票しなかったが、20年

には トランプに投票するという人には1人も出会わなかった。

トランプ離れの理由は3つある。トランプの攻撃的な性格。コロナに対する失政。人種問題に対する強硬すぎる姿勢。これらの要素が16年にはトランプに投票した郊外に住む白人層を、トランプから遠ざけようとしていた。

戸別訪問という小さな数字のサンプルであるが、前回最小の得票差で勝ったミシガンでトランプ離れが進んでいるとするなら、少なくともミシガンでのトランプの勝利はあり得ないように思えた。

徐々にトランプから距離を置き始める共和党支持者に加え、極端にトランプを嫌悪する感情にも出くわした。

7月中旬の快晴の日。いつものように私のアパートの裏側にある郊外の住宅を回っていた。階段を上がって中2階にある入り口で呼び鈴を押すと、50代の白人男性が出てきた。私たちの間にはガラスの仕切りが1枚あるきり。Tシャツにジーンズ姿の男性は、私を見ると体をこわばらせ、顔を紅潮させた。そのまま、右手の中指を立て、その腕をドンッとガラスドアに叩きつけた。

男根に由来する、欧米では最大級の侮蔑を表すポーズ。相手の顔に宿った狂気と憎悪を見て、私は思わずあとずさった。

中指を立てられたことはもう一度あった。訪問した家が不在だと思って立ち去ろうとする私に向かって、リビングでパソコンの前に座っていた30代の男性が窓越しに中指を立ててきた。

今回の取材を含め合計4年暮らしたアメリカで、中指を立てられた2回とも、トランプの赤い帽子を被っていた時であったのは偶然ではないはずだ。それは、見ず知らずの訪問者である私にではなく、トランプの帽子を被ったボランティアに対する嫌悪感だったのだろう。

「出ていけって言っただろう！」

敷地内から出ていけ、と言われたことも2度ある。

1回目は戸別訪問を再開した直後のこと。黒人の男性と白人の女性の夫婦が、車に乗り込もうとしていた時に、私がアンケートに答えてくれないか、と声をかけた。

男性は「私たちは民主党支持者なので興味がない」と言って車に乗り込み、走り去った。

私は、公道と住宅の敷地の隙間に立ち、スマホを使いアプリに結果を打ち込み、自分のノートに必要な情報を書き込んでいた。そこに、先の車が近所を一周して戻ってきた。「何をやっているんだ。とっとと家の敷地から出ていけって言っただろう！」と、私に向かって叫んだ。

人が歩かないことを前提に作られているアメリカの住宅地では、公道と敷地の間に歩道がないことが多い。しかし、それからは、アンケートが終わるとすぐに、たとえ車が走っていようとも公道の上に身を移すことにした。

歩道がある場合でも同じように怒鳴られたのは9月のこと。

50代の白人女性宅のベルを押すと、

「その赤い帽子はいったい何のつもりなの。家から出ていってちょうだい」

と金切り声で言われた。

すぐに歩道に出て、アプリに打ち込み、メモを取っていると、その女性が追いかけてきた。

「出ていって、って言ったでしょう！」

ここは歩道であり、あなたの所有地ではないはずだ、と私が反論しても、聞く耳を持たない。「ふざけんなよ！」と言い返したい言葉を飲み込んで、平穏にボランティア活動を続けるため、すぐにその場を立ち去った。

警察を呼ばれたことも一度あった。これは10月のこと。

70代の白人男性が、「トランプには興味がないので、アンケートに答えたくない」と言って、ドアを閉めた。

玄関先で、その旨をアプリに打ち込んでいると、再びドアが開いて、男性がこう怒鳴った。

「なんで家の写真を撮っているんだ！」

写真を撮ったんじゃなくアプリを操作しているだけだ、と説明すると、ドアが乱暴に閉まった。

次の家に向かって歩き始めた私の前にパトカーが停まった。

「今、そこの住人から、写真を撮られたって通報があったんだ」

と言うのは40代の恰幅のいい白人の男性警察官。私が、アプリに打ち込んでいただけだ、と言うと、そうしたボランティアの事情も知っているのか、「一応、通報があったから来てみただけなんだ」と言って立ち去った。

いくつかのごたごたを経て、極力トラブルを避けながら、多くの人にアンケートに答えてもらうために身に付けたのは、次の4つのこと。

1．ドアベルを押した後は、数歩後ろに下がり、相手との間に十分なスペースを作る。
2．大きな声で、底抜けに陽気な自己紹介と挨拶をする。
3．アンケートを断られた時でも、「よい一日を！」などと口にして明るく振る舞う。
4．いつでもマスクを着用する。

——だ。

2000人に電話してこい

正体が分かる前のグレースから、私の携帯に着信があったのは9月下旬のこと。

「明日、事務所でおもしろいイベントがあるから来てみない？」

翌朝9時すぎにミシガン共和党の事務所に行くと、すでに30人ほどの支持者が集まっていた。そこで初めて分かったのは、共和党全国委員会の委員長であるロナ・マクダニエルと共和党の候補者たちが乗ったキャンペーンバスが事務所に立ち寄り、マスコミの取材を受けるので、その場を盛り上げる支持者たちが必要だということだった。

各州に共和党事務所があり、その上に共和党全国委員会があり、マクダニエルはそのトップの座にある。40代の小柄な白人女性だ。

トランプの支援者のうちマスクをしている人はほとんどなく、社会的距離《ソーシャルディスタンス》に注意を払っている様子もなかった。平均年齢が60代を超えているにもかかわらず。

しかし、地元のテレビ局が取材に来る直前、現場の担当者が支援者に向かって「テレビに映る時は、必ずマスクを着用してください」と言い渡した。しかし、マクダニエル本人は、マスクをすることなくテレビのインタビューに答え、支援者に話しかけた。

グレースから携帯電話にショート・メッセージが入ったのは、その2週間後のこと。

「トランプの支援者集会があるんだけれど、ボランティアをやる気はない？」

もちろん、よろこんでやりますよ。

私は、ミシガン州西部のマスキーゴンで行われるトランプの支援者集会に、ボランティアとして参加した。ランシングからは、車で2時間ほどかかった。

午後4時に始まる集会に、午前10時に到着した。ボランティアは三々五々集まってきたが、用意されたコーヒーを飲んだりドーナッツを食べたりする以外、さして重要な役割はないようだった。

支援者は続々とやって来て、会場に入るための長い列を作る。

ボランティアを仕切る男性から、並んでいる支持者に声をかけてこい、との命令が下る。ボランティア用の電話アプリをダウンロードしてもらい、並んでいる間に2000人にトランプ支援をお願いする電話をかければ、列に並ぶことなく会場に入れるから、と言って勧誘してこい、と。

ボランティアが行う電話であっても、1時間に30人かけるのがせいぜいだ。待っている間に2000人に電話するなんて無茶だ、と思ったけれど、片っ端から声をかけた。だが、やはりだれも興味を示さない。

その私の後方から、

「ランシングで会ったマイクじゃないか⁉」

との声が飛んできた。振り向くと、初老の白人男性と視線が合った。「夏にうちを訪ねてきた時、庭にあるトランプの看板の写真を撮っただろう」と話しかけてきた。

そう言われれば、写真を撮らせてもらった気がするなぁ。でも、ボランティアで訪ねた先に初老の白人男性は何人もいたので、判然としない。ただ、はっきりと気づいたのは、アジア人は珍しいので記憶に残りやすい、ということだ。こちらが覚えてなくても、相手はこちらのことを鮮明に覚えている。記憶に非対称性があることを実感した。

大統領と接近するチャンス

ボランティアとしての訪問軒数はこのころ、500軒を超えていた。

500軒が可能なら、1000軒も行けるんじゃないかと思い、連日、専用アプリを手に、歩き回っていた。

ようやく900軒を超え、1000軒まであと一歩というある日のこと。戸別訪問の合間に《バーガーキング》でコーヒーを飲みながら休憩していると、携帯電話が鳴った。画面には見知らぬ番号が表示されていた。

「マイクはいる？」

と女性の声。私のことをマイクと呼ぶのは、ミシガン共和党の関係者だけだ。

私だ、と答えると、数日後にランシングで開かれるトランプの支援者集会の車列のドライバーをやる気はないか、と訊かれた。

——**えっ、車列のドライバーって？**

「あなたがボランティアで頑張っているので、この話が回ってきたの。大統領が乗る車の前後を走る車を運転してみる気はないか、ってことよ」

——**もちろんある！**

「ところで、市民権は持っている？」

——**市民権はない……。**

「あぁ、それなら無理ね。シークレットサービスを通さないといけないので、市民権がないとダメなのよ」

——**運転免許証と社会保障番号なら持っているよ。**

「けれど市民権はないんでしょう。それじゃダメなのよ、残念だけれど」

と言って電話が切れた。

車列とは、これまで支援者集会で何度も見てきた、トランプを乗せた車の前後を走る特殊装甲を施した黒のSUVのことだろう。

本当に、一介のボランティアが大統領の車列の車を運転するなんてことがあるのだろうか。

かつがれたのか、と思ってスマホで検索してみると、オバマ大統領時代、ボランティアが車列の車を運転したという記事を見つけた。オバマがやるのなら、トランプがやっても何の不思議もない。

潜入取材において、千載一遇《せんざいいちぐう》のチャンスは突然わいてきて、それが泡のように消え去ることがあるのは、すでに経験上知っていた。市民権が必要ならばどうしようもない。あきらめるしかなかった。

トランプは、マスキーゴンとランシングの支援者集会でも、気持ちよくウソを吐き続けた。

トランプはマスキーゴンの演説の冒頭でこう話した。

「俺は12年前、ミシガンで、その年最も活躍した人に選ばれたんだ。そこで俺は、なぜミシガンは自動車産業の仕事口を、賃金の安いメキシコやカナダに流出させているんだ、と話したんだ。まぁ、賞をもらって文句を言ったのは俺ぐらいだろうけれどね」

トランプの俺様エピソードに聴衆がドッと沸く。

トランプはこう続ける。

「大統領になった後で、日本のアベ首相にこう言ったんだ。日本はもっとミシガンに自動車工場を作らないといけない、ってね。アベははじめ、政府に民間企業を動かす権限はない、と返事したんだ。だが、その翌日、日本の自動車企業がミシガン州に5つの工場を建てる、と発表したんだ」

聴衆が再び沸く。つかみはOKの状態だ。

しかし、日本の自動車企業が5つの工場を建てたというのも、トランプがその年、最も活躍した人に選ばれたというのも、真っ赤なウソだった。

もともと、ミシガンには、最も活躍した人という賞が存在しない。架空の褒賞をでっち上げたのだ。ミシガンで最も活躍した人に選ばれたという作り話は、過去4年間、トランプが、ミシガンに来るたび披露するお気に入りのウソで、後日のランシングの集会でも同じ話を繰り返した。

ことごとく論破してくる

多くの民主党支持者は、ミシガン共和党のボランティアを無視するか、軽くあしらうかに終わるのだが、中には本気で議論を仕掛けてくる人たちもいる。

ある人は、どうしてトランプなんかを支援できるのかと訝《いぶか》り、またある人は、私がトランプを支持する理由をことごとく論破しようとしてくる。

赤字で米陸軍士官学校の通称である《ウエストポイント》の文字が入ったTシャツを着ていたニコラス(43)は、4、5歳の娘と庭で遊んでいた。陸軍の退役軍人で、アフガニスタンでの戦争に1年間、従軍した経験があるという。

「投票するのはバイデンだけれど、民主党ではなく無党派だよ。どうしてトランプに投票しないかだって? それはこっちが訊きたいよ。なんで、あんたはトランプなんかを応援しているんだい。新型コロナ以前の経済の状況がよかったって？　そんなの新型コロナで全部吹っ飛んだじゃないか。社会主義を掲げる政党では、アメリカのためにならないって？　バイデンは社会主義者なんかじゃないよ。民主党じゃないか。

だいたい、トランプには、大統領に必要な社会的弱者に対する共感が欠落しているんだ。黒人のジョージ・フロイドが殺された時だって、悔やみの言葉を述べるでもなく、デモ隊に対して軍隊を送り込もうとしただろう。退役軍人のオレからすると、本当に心が痛むよ。軍人が忠誠を誓うのは合衆国憲法に対してであって、大統領個人じゃない。それをトランプは履き違えて、大統領なら自分の好きなように軍隊を動かせると思っているのさ。

トランプが、退役軍人の病院の仕組みを立て直しただって？　そんなのウソだよ。退役軍人の病院運営を立て直したのはオバマで、トランプがやろうとしているのは、その病院経営を営利企業に丸投げしようとしているだけだ。公共性の高い病院経営でさえ民間企業に委託しようとする。共和党の新自由主義的な路線を踏襲しているだけさ。

それはそうと、トランプが、ロシアがアフガニスタンに駐留するアメリカ兵の首に懸賞金を掛けたのを見過ごした件について、あんたはどう思うんだい。ニューヨーク・タイムズ紙が書いただけで、まだ証明されていないって言うのかい。いいや、そんな戯言《たわごと》はオレには通用しない。オレの仲間は、まだアフガニスタンに残って戦っているんだ。仲間を見殺しにするヤツに投票なんてできないな」

何時間でも話に付き合ってやるからまた来いよ、と言うニコラスの名前を検索すると、娘と一緒に写った写真をアイコンにしたツイッターのアカウントが出てきた。自己紹介欄に、退役軍人、エンジニア、パートタイムの政治オタクと書いてあった。

《黒人の命も大事》の立て看板を掲げた家から2匹のビーグル犬と一緒に出てきた白人男性のデービッド(49)は、もうすぐZoomで会議を始めないといけない、と言いながらも、私が被る赤い帽子を見ると、黙ってはいられないとばかりに話し始めた。

「トランプは史上最悪の大統領だな。オレに調査権があるなら、トランプがゴルフに使った税金から調査を始める。これまで1億5000万ドル近く使っているはずだ。しかも、できるだけ自分の所有するゴルフ場やホテルを使おうとする。つまり、トランプがゴルフをするたびに、オレたちの税金がトランプ所有のゴルフ場や不動産を経由してトランプの懐に入るって仕組みだ。

それに社会的運動であるＢＬＭについてもまったく理解を示さず、極左暴力集団扱いだ。そんな大統領は今までいなかった。コロナによる死者も20万人近くまで増えている（取材時の20年9月15日当時）。16年にはトランプに投票しなかったが、しかし大統領職に対する敬意は失わないようにしていた。けれど、トランプが6月に、教会の前で聖書を片手に写真を撮るために、警官隊を使ってデモ隊を蹴散らそうとしただろう。そのあとすぐ、ジム・マティス前国防長官が、軍隊を使って国を分断しようとする大統領はいなかったと書いた寄稿を読んで以来、トランプへの敬意をすべて捨て去ったんだ。

ほかにもトランプが17年4月、独裁者仲間のフィリピンのドゥテルテ（大統領）に、朝鮮半島付近に核兵器を搭載した原子力潜水艦を配備していることを漏らしているのを知っているかい。軍事におけるトップシークレットをべらべらとしゃべっているんだ。その潜水艦には、軍人として働くオレの息子も乗っていたのさ。結果的には何事もなかったが、腸《はらわた》が煮えくり返る思いを味わったよ」

黒人男性の主張

黒人男性のダリル（40）の足元には、一緒に留守番をしている3、4歳の女の子がまとわりついていた。

「トランプには投票しないよ」という答えに、そうですよね、とあっさりと引き下がろうとする私に向かって、「なぜ、君は僕がトランプに投票しないことにそんなに簡単に納得するんだ？」と問うてきた。

なぜって、前回の選挙では、10％以下の黒人しかトランプに投票していないから、確率からいっても低いのかなと思って、と言うと、

「黒人の10％以下しかトランプに投票してないことは問題とは思わないのかな」

と訊いてくる。

これは脈ありか、と思って質問してみた。トランプのどこが嫌いですか、と。

「いい質問だね。じゃあ逆に訊きたいんだけれど、トランプのどこが好きで、ボランティアなんてやっているの。トランプが、リーダーシップを持って経済を立て直しただって？

景気がよくなったのは、08年の景気後退の後、オバマが立て直したからさ。トランプはその流れを引き継いだだけにすぎない。今の好景気の80％はオバマのおかげだと思っているよ。トランプ政権下で、黒人の雇用率が改善されたって？　それは事実だけれど、雇用率を大切な指標とするなら、黒人が奴隷だった時代は、雇用率は100％だってことが分かっているのかい。雇用率より、その中身の方が大事じゃないのかな。

民主党の大統領が誕生して社会主義になったら、競争原理が働かなくなりアメリカが機能しなくなるだって？　もしこの先、社会主義や共産主義の国で、新型コロナのワクチンが開発されたとしよう。そうした国の研究者は、競争原理が働かないからといって、ワクチン開発を公表するのをためらうかな。政治的なイデオロギー以上に、人には社会に貢献したいという欲求があるから、彼らはワクチンの情報を喜んで公開すると思うね。ならば、こちらから訊くよ。なぜ多くの白人はトランプに投票するのかな」

――宗教的な支援があると思うが……。

「白人福音派のことを言っているんだね。けれど、教会に通う黒人だってたくさんいるだろう。僕もその1人だ。トランプの支持と不支持を宗教で論じるのは無理があるね。僕は今回、バイデンに投票するつもりで、トランプが3年以上政権の座にあった今となっては、この気持ちを変えることはだれにもできない。けれど、バイデン以上に僕にとって重要なのは、キリストと僕の関係なんだ。ろくに読んだこともない聖書を、写真撮影のためにだけ使うようなトランプにはどうしたって投票できない。君の宗教は何？　仏教なの。ならば、君の信じる仏様と、トランプを支持することについてよくよく対話してみることだね」

「応援するなんて正気の沙汰なの？」

名前を検索したらミシガン州立大学のカウンセラーだった。最終学歴は哲学の博士号。どうりで、仏様と対話しろなんて話が出てくるわけだ。

反トランプの論陣を張るのは男性だけではない。

私が家を訪れたとき、車庫の荷物を片付けていた白人女性のパム（58）は、私の来意を聞くと、腰に手を当てて臨戦態勢をとった。

「高校生の息子がコロナの検査で陽性と判定されたばかりでピリピリしているのに、よく我が家に来られたわね」

言葉は攻撃的ではあるが、その口調は陽性だった。

不動産業界で働くという彼女は、トランプが経済をめちゃくちゃにしたせいで、彼女の顧客の多くが困っている、と言う。

「トランプ減税の恩恵は大金持ちや大企業が受けているわ。けれど、私から住宅を買ったお客さんは毎年3％の利子を払い続けないといけない。年間3000ドルがローンの元金なら、それにプラスして90ドルを、20年、30年って払い続けるのよ。その住宅市場では、コロナ以降の不況で、ほとんど買い手が見つからないわ。バイデンが大統領になったら増税になるって？　いいわよ。対象は年間の所得が40万ドル以上の人じゃない。まぁ、アマゾンのジェフ・ベゾスはイヤでしょうけど、私たち庶民には関係がないわ。むしろ、どんどんやってほしいぐらいよ」

車庫で話を続けていると、彼女の夫が、私たちの動画をスマホで撮り始めた。

「いやいや、奥さんに今、やっつけられていますよ」と私が軽口をたたくと、

「うちの妻はトランプには容赦がないからね」という答えが返ってきた。

さらに話を続けていると、20代の娘も参戦してきて、真顔で私にこう訊いた。

「トランプを応援するなんて正気の沙汰なの？」と。

私の戸別訪問は、パムの自宅を訪れた直後に終わった。

訪問軒数の総数は1081軒、そのうちアンケートに答えてくれたのは236軒だった。訪問した家のうち、約半数が留守宅で、約4分の1が在宅ながら回答拒否。答えてくれたのが残りの4分の1——となる。そのうち、活字にできそうなほどおもしろい話をしてくれるのは1日に1軒行き当たるかどうかという確率だった。

トランプの帽子を被り、大きく分断されたアメリカで戸別訪問をしながら有権者の情報を集めることは、地雷原で宝探しをするのにも似ていた。

さんざん歩き回ったためか、両足の小指の爪が真っ黒に変色し、はがれ落ち、新しい爪に生え替わった。

天国と地獄

選挙日の11月3日の夜、私が再び共和党のボランティア活動に参加するため、車を走らせたのは午後8時前のこと。

当日は朝から、投票所に張り付き、日暮れまでかけて投票者の声を取材していた。それが終わり、アパートでシャワーを浴びてから、ボランティアに参加した。

車のラジオが、トランプがフロリダを取る見込みである、と伝えているのを聞いて、長い夜になりそうだ、と思った。東の空から昇り始めていた居待月《いまちづき》が、私の車を追いかけるように付いてきた。

目的地は、州議会議事堂から歩いて5分のところにあるイベント会場。

前日に、グレースから選挙日当日、ボランティアをしないか、と声がかかった。私が登録したのは《選挙当日作業作戦室》というボランティア活動。選挙当日の午前6時半から翌4日の午前零時までの時間を4つに区切り、ボランティアを募集していた。1日3回の食事も支給される。しかし、具体的に何をするのかについては書いていなかった。

ボランティアが集まる部屋は、イベント会場の隣にあるホテルの一室にあった。30人ほどが座れそうなスペースに、10人ほどのボランティアがいた。

ベスという60代の女性のボランティアがこう説明してくれた。

「ここでは投票現場での不審な行動について、共和党が送りこんだ監視員から、専用アプリを使って電話を受けるの。その内容を事故報告レポートに書き込んで、隣室で待機している弁護士に渡して、弁護士が訴訟を起こすなどの手段を講じるのよ。私？　昼過ぎから来ているので、もう帰ろうかと思っているわ」

ボランティアの隣の2部屋に弁護士が待機している、という。総勢で何人の弁護士が詰めているのかは不明だったが、選挙当日から法廷で戦う気満々だ。

8時半を過ぎると、その部屋を仕切っている40代の男性がこう言った。

「電話も一段落したようですので、皆さん、勝利パーティーの会場に移ってください」

ベスと一緒にいた女性が尋ねた、「勝利パーティーって、どんな感じなの？」

「勝った時には天国のような場所だけど、負けたら地獄みたいになるよ」と男性が答えた。

「天国と地獄」――か。そんなタイトルの黒澤明の映画を観たことがあるなぁ。

それはおもしろいと思い、パーティー会場に足を向けた。

選挙当夜、トランプが大票田であるテキサス州とフロリダ州を取る見込みだ、と報道されていたことから、最終的には、ミシガン州とペンシルベニア州、ウィスコンシン州の行方が勝敗を決すると考えられていた。特に、ペンシルベニアの集計では、大量の郵便投票をさばくのに時間がかかるため、３、４日はかかると事前にいわれていたことから、選挙当夜に決着がつくというシナリオには現実味が薄かった。

パーティー会場は、軽く３００人は入れそうな宴会場。そこに、トランプ陣営の関係者は50人程度、それにテレビ局のカメラが２台ほど入っていた。

ガラガラである。

選挙速報を映すテレビは3台あり、すべて保守系のＦＯＸニュースが映っていた。

当夜の速報では、トランプが有利だった。テキサス州やフロリダ州だけではなく、ミシガン州とペンシルベニア州、ウィスコンシン州でもトランプの票が伸びていることを伝えていた。

会場のテーブルで一緒になったのは、ダグという細身の20代後半の男性。空軍に在籍していたというダグは、同じ空軍出身で共和党から出馬したミシガンの上院議員候補のために戸別訪問をしていた。

落胆の声

ダグを相手にボランティアの苦労話などをしていると、ミシガン共和党の共同議長を務めるテリー・ボウマンという50代後半の男性が私たちのテーブルに来て、こう語った。

「うちのオヤジは南部の出身で、中学を卒業するとすぐに、ミシガンの自動車工場で働きだしたんだよ。もちろん組合員で、民主党員だった。そのオヤジが16年になって初めて、共和党の大統領候補に投票したのがトランプだったんだ。それを見て、トランプはうちのオヤジを宗旨替えさせるぐらいすごいんだ、と実感したんだ」

なるほど、ミシガン共和党のお偉いさんか。

ならば、戸別訪問をしている時、最も多かった有権者の声を伝えてみようと思った。

それはトランプにツイッターを止めさせるべきだ、というものだった。民主党支持者はもちろんのこと、共和党支持者の多くもトランプのツイッターでの個人攻撃や放言三昧にうんざりしていた。

私の発言に対し、ボウマンはこう答えた。

「トランプ陣営の最大の作戦は、トランプに自由に伸び伸びやらせることだったんだよ。ツイッターだって、反発する人もいるかもしれないけれど、トランプの強みは、だれからも何の制限も受けないときに発揮されるんだ。なんせ、トランプは自分を売り込む天才なんだから、それを殺してしまっては意味がないだろう」

その説明を聞きながら、この人は、有権者の声をじっくり聞いて回ったことがあるのかね、と疑った。

まぁ、それならそれで、一介のボランティアがそれ以上口を出す必要もないのだが。

その後、ダグに加え、ミシガン州立大学の学生のジェイや、選挙オタクを自称するジョーがテーブルに加わるのだが、なにしろ開票が遅々として進まないので、皆が携帯で気になる選挙情報を探しながら時間はノロノロとすぎていった。

私は、CNNやMSNBCといった反トランプ側のテレビ報道も見て、バランスを取りたいと思いながらイライラしていた。

事態が大きく動いたのは11時すぎのこと。バイデンがアリゾナを取る見込みだ、とFOXニュースが速報を打ったときだ。

男性のキャスターは、「これは大きなできごとです。ＦＯＸニュースが、ジョー・バイデンがアリゾナで勝利したと判定を下しました。バイデンのアリゾナ勝利は、大統領選における勝ち負けの計算を大きく変えることになります」と興奮を抑えて語った。

その瞬間、会場からは大きな落胆の声が上がった。

「ウソだろう！」

「まだ判定するには早すぎるよ」

「ＦＯＸは最低だ！」という怒声も上がった。

「バイデンに投票した人たちがかわいそうだわ。バイデンはもうすぐ死んでしまい、カマラ・ハリスに取って代わられるのに」

と、隣のテーブルで50代の女性が、夫らしき男性に話している声が聞こえてきた。

しかし、結果は、ＦＯＸの速報通り、バイデンがアリゾナを取ることになる。16年にはトランプがアリゾナを取っていたのだから、逆転負けだ。

3日深夜の時点では、激戦州のミシガン州でもペンシルベニア州でもウィスコンシン州でも、トランプの得票数が、バイデンを上回っていた。開票当夜はトランプが優勢に見えた。バイデンの猛追が始まるのは翌朝以降のこと。

バイデンがアリゾナを取るだろうとFOXが伝えた時点で、私は長丁場の開票速報に気くたびれがして、会場を後にした。

ボランティアに向かう時には東の低い空にあった居待月が、中天にまで昇ってきていた。劣勢のトランプにとって、アリゾナ州を含むいくつかの激戦州は1つたりとも落とせない苦境にあった。そこに、バイデンがアリゾナ州を取ったという盟友FOXニュースの速報が入ったのだ。すでにリングのコーナーに追い詰められたトランプに、バイデンが放つパンチがノーガードのその顎に打ち込まれた瞬間だった。

トランプの負け戦がみえてきた時点で、私は共和党事務所のボランティア活動に終止符を打った。

次章では、バイデンの当選が確実になった後も、〝不正選挙〟を錦の御旗に立てて、先鋭化していく〝トランプ信者〟の声を伝えていく。

第5章

勝利を信じて疑わない“トランプ信者”の誕生

「FOXはいったい何をやっているんだ⁉」

トランプの怒声がホワイトハウスに響き渡った。

選挙当夜、私がミシガン共和党のパーティー会場のテレビで選挙速報を見ていたころ、ホワイトハウスは阿鼻叫喚《あびきょうかん》の巷《ちまた》と化していた。

11月3日の午後11時過ぎに、FOXニュースが、バイデンがアリゾナ州で勝利したとの判定を伝えた直後のことだ。

トランプは、FOXの創業者や経営者たちに電話をかけろ、と周囲に命令した。

「いったい、ヤツらは何をやっているんだ」

「こんなに早くアリゾナの勝者を予測するなんて」

と、何度も繰り返し、その自分の言葉にトランプは怒りを増幅させていくようだった（"Landslide"）。

トランプ陣営では、トランプが1万票から2万票差でアリゾナ州を取ると見込んでいた。

これまでトランプに関する報道でさんざん高視聴率を取ってきたFOXはトランプに借りがある——トランプは常にそう考えていた。本来なら恩義を感じるべきFOXのこの報道は、裏切り以外の何物でもなかった。

たしかに開票直後の戦況は、トランプ有利にみえた。

夕方の時点で、大票田であるテキサス州とフロリダ州でのトランプの勝利が予想されていた。激戦州であるミシガン州やウィスコンシン州、ペンシルベニア州などでも、トランプがジョー・バイデンをリードしていた。

トランプ陣営は当夜、祝賀ムードに包まれていた。このままいけば再選は間違いない、と誰もが信じた。トランプ自身、午後10時前には自らの再選を確信していた。

しかし、そんなトランプ陣営に冷や水をかけたのが、FOXだった。僅差での勝負となるはずのアリゾナ州で、トランプ寄りのFOXが早々にバイデンの勝利宣言をするということは、この先、激戦州でトランプが勝つ見込みがほとんどなくなることを意味していた。

トランプ陣営は、FOXニュースにさまざまな圧力をかけ、アリゾナの予測を覆させようとするが、功を奏さなかった。

「ヤツらは選挙を盗む気なんだ」

アメリカ大統領選挙を理解するには、選挙人団の地図を頭に入れておく必要がある。州の人口に比例して選挙人が割り当てられており、基本的には、全50州に加えワシントンDCで勝者を決め、勝者がその州の選挙人を総取りする（メイン州とネブラスカ州は例外だが、ここでは分かりやすさを優先して説明する）。選挙人は全員で538人となり、過半数の270人を取ると大統領になる。

この270人が大統領選挙における当選確定の数字だ。

同夜、選挙戦を見守る人の頭の中に共通してあったのは、次のページの図だった。バイデンは選挙人のうちの227人を固め、トランプは217人でそれを追っていた。勝敗を決めるのは、残り7州ある激戦州。選挙人にすると94人。トランプが勝つには、53人以上を取る必要があり、バイデンは43人。この時点でトランプは不利である。

さらに、バイデンがアリゾナ州を取ったとなると、トランプは窮地に陥る。

選挙日当夜の選挙の趨勢

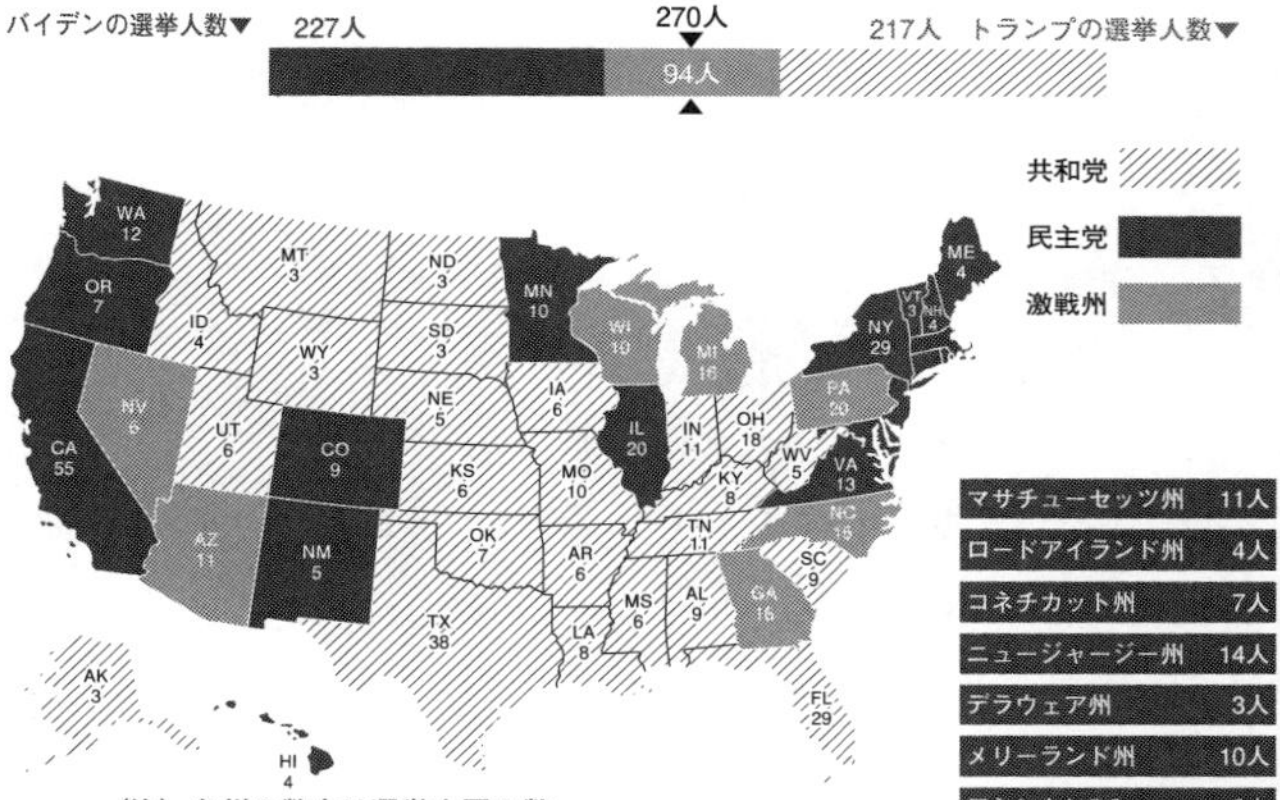

（注）各州の数字は選挙人団の数

トランプが大統領になるには、選挙人が多いペンシルベニア州とジョージア州、それにノースカロライナ州を取っても、２６８人で当選には届かない。しかも、同じ３州でも、トランプが16年に切り崩した〝ブルーウォール〟と呼ばれるミシガン州とウィスコンシン州、それにペンシルベニア州を取ったのでは、合計が２６３人にとどまり、当選がさらに遠のく。

だが、トランプが〝ブルーウォール〟を再び取り、そこにアリゾナ州の11人を加えることができれば、２７４人で当選となる。このアリゾナ州をバイデンが取ったことは、20年の大統領選挙における大きな潮目となった。

夜が更けるにつれ、トランプがリードしていた激戦州での得票差が徐々に縮まりつつあった。

多くの州では、当日分の投票を先に数え、その後で、郵便投票を数えたからだ。トランプが郵便投票を敵視したため、多くのトランプ支持者は当日、投票所に足を運んだ。一方、バイデン支持者の多くは、新型コロナ対策として郵便投票を使っていた。その郵便投票を後で数え始めるなら、トランプのリードが縮小することは初めから予想できた。

しかし、夜10時の時点で勝利を確信していたトランプにとっては、戦況が次第に不利になることが、不正選挙が行われている証拠のようにみえた。

トランプは、こう喚《わめ》き散らした。

「なんでまだ投票を数えているんだ?」

「投票時間はもう終わったはずだ。ヤツらは、締め切り時間後に来た投票を数えているのか?」

「一体全体、何が起こっているんだ?」

「ヤツらは俺達から選挙を盗む気なんだ。俺達は、選挙に勝ったんだ」

「地滑り的な大勝利だった。それを取り消すつもりなんだ」

開票が進み、状況がますます不利になっていくと、トランプは、こうつぶやいた。

「なんでお前たちは、俺のためにもっと激しく戦わないいんだ？　俺のロイ・コーンはどこにいるんだ？」（"I Alone Can Fix It"）

70年代、まだ一介の不動産開発業者だったころに知り合った悪徳弁護士のロイ・コーンがこの場にいないことをトランプは嘆く。トランプが当時、経営するアパートの入居に関して人種差別をしたかどで司法省に訴えられた時、トランプの弁護士となったロイ・コーンの入れ知恵で、あべこべに司法省が虚偽の告発をしたとして、多額の賠償金を求めて反訴したこともあった。

ロイ・コーンがトランプに伝授した人生訓とは、裁判を使ったストリートファイトで人生の苦境を切り抜けることであり、いい弁護士さえいれば、人生はうまくいく、ということだった。しかし、すでにロイ・コーンが鬼籍に入って久しい今、一体どんな優秀な弁護士が、俺をこの逆境から助け出してくれるんだ、というトランプの本音が漏れた。

誤った勝利宣言

トランプ陣営では、この選挙が不利な方向に向かいつつあるのを、不承不承ながら受け止めようとする人たちがいる一方、どうしても負けを認めることができないトランプに取り入ろうとする人たちが、誘蛾灯《ゆうがとう》に集まるさまざまな害虫のようにトランプの周囲に引き寄せられてきた。

元ニューヨーク市長で、18年からトランプの顧問弁護士を務めるルディ・ジュリアーニは当夜、ホワイトハウスで開かれた祝勝会に集まった400人近いゲストの1人として、いつものように酔っぱらっていた。76歳になるこのトランプの朋友には常に、アルコール依存症の疑いがかけられてきた。

風向きが逆風になったのを感じ取ったルディ・ジュリアーニは、トランプの側近たちに、これからどうするつもりなのか、と迫った。いま動くのは時期尚早だ、と主張する側近たちに向かって、ルディ・ジュリアーニは、

「根拠なんてどうでもいいんだ」

「ミシガンで勝ったと言うんだ」

「ペンシルベニアで勝ったと言うんだ」

とせっついた。

側近では埒《らち》が明かないと思ったルディ・ジュリアーニは、トランプに直接会って、こう言った。

「記者会見場に行って、今すぐ選挙に勝利したことを宣言すべきです」

トランプはこの悪魔の囁きに耳を傾けた。トランプが、ジュリアーニが櫓《ろ》をこぐ泥舟に片足を突っ込んだ瞬間だ（"Landslide"）。

ジュリアーニに背中を押されて、トランプがテレビ画面に現れたのは、午前2時過ぎのこと。

トランプは、まだ集計途中のミシガン州やジョージア州、ノースカロライナ州などを含む全州で勝利していると語った。

「正直言って、俺達はこの選挙に勝利したんだ。俺達が選挙に勝ったんだから、これからは、この国の選挙の正確性を守るのが大事になる。法律をきちんと使わなければならない。

最高裁に訴えて、これ以上の開票をやめさせなければならない。そうすれば、民主党のヤツらが朝の4時に新しい投票を見つけ、足し合わせることができなくなる」

誤った勝利宣言をした上で、さらに自分が有利な状況にある州での開票をストップするべきだ、と続けた。トランプが各州でバイデンに追い上げられているのは、「アメリカ国民に対する不正行為」の結果だ、とも語った。

主要メディアは、このトランプの10分足らずの演説を事実確認《ファクトチェック》した。その内容が間違いだらけであるとともに、民主主義の根幹をなす選挙制度を否定する危険な行為だ、と非難した。

そして誰もいなくなった

トランプのこの無謀な姿勢に否定的だったのは、メディアだけではなかった。

これまで4年間、トランプのウソや陰謀論にさんざん付き合ってきた側近や腹心、それに家族までもが、これは行き過ぎではないのか、と考え始めた。

まだ開票中の激戦州で勝利したと言い放ち、選挙全体でも勝利したと宣言する。しかも、開票中の選挙を、トランプの都合のいい時点で打ち切るように、最高裁に訴訟を起こすなんて正気の沙汰とは思えない。とてもじゃないが、これ以上は付き合いきれない、と。

加えて、ジョー・バイデンが新大統領に就任すれば、翌年1月までには彼らは新しい仕事に就くことが必要になる。任命権を失いつつあるトランプに忠誠を尽くしたり、ご機嫌を取ったりする必要はない、と見切りをつけだした。

選挙結果が明らかになるにつれ、こうした人たちは次第に、トランプとの距離を置き、離れていくようになる。

ある者はフェイドアウトしていくようにトランプの前に姿を現すことをやめた。それまで政権の中核にいた愛娘のイバンカ・トランプと、その娘婿で大統領上級顧問を務めるジャレッド・クシュナーも徐々にトランプとの距離を置きだした。

側近中の側近は、トランプに不正選挙を盾に選挙結果を覆すことは無理だから、ここで潔く敗北を認め、「これまでの4年間の偉業《レガシー》を汚すことがないようにしましょう」と諭した。

しかし、トランプは一切聞く耳を持たなかった。

従来の政権運営メンバーが、櫛《くし》の歯が欠けるように消えていくと、トランプ周辺にぽっかりと権力の空白地帯ができた。まともな人材ならば、大統領ではなくなるトランプに関わることを避けようとするからだ。

それまでトランプの側近たちにとって最大の仕事とは、トランプが大統領として道を踏み外さないように、ご機嫌を取り、なだめ、あやすことだった。違法なことや、道徳に反することをトランプが思いつくと、できるだけトランプの注意を逸らし、トランプが自分の発案を忘れるまで、辛抱強く待った。しかし、そうした緩衝材《かんしょうざい》がなくなると、トランプの危険な独断専行が幅を利かせるようになる。

このトランプの周りに生まれた空白の陣取り合戦に魑魅魍魎《ちみもうりょう》が参戦してきた。この陣取り合戦に勝利するには、トランプが聞きたいことを、大きな声でトランプに伝えればいい。

トランプはこれまでも選挙で負けるたびに、不正選挙を言い募ってきた。今回、目新しい点は、そこに郵便投票は不正選挙の温床《おんしょう》だという陰謀論が加わったことだ。ならば、トランプの耳元で不正選挙を騙《かた》り、証拠を持って裁判に訴えるという人物が主導権を握る。

その中心に収まろうともがいていたのが、アルコール依存症に加え、認知症も疑われるルディ・ジュリアーニだった。

ジュリアーニといえば、日本では9・11同時多発テロ事件の後に、ニューヨーク市を立て直した「世界の市長」として記憶している人も少なくないかもしれない。しかし、その後は、市長時代の名声を頼りに、巨額の弁護士費用を払える怪しげな国内外の依頼者からの弁護を引き受けるようになる。

その浪費癖や度重なる離婚による慰謝料の支払いに加え、常に若い愛人をそばに置くために、金になるのなら汚い仕事も平気でやる弁護士に成り下がっていた。その最たるものが、トランプの顧問弁護士だった。

トランプにとって、ジュリアーニは第一希望ではなかった。ジュリアーニの忠誠心には疑いを持っていなかったが、アルコール依存症や弁護士としての能力を疑問視していたため、当初は別の人物に白羽の矢を立てていた。しかし、その人物が、新型コロナにかかり戦線を離脱した。また名のある弁護士事務所は相次いで、トランプの選挙関連の訴訟から手を引いた。

そして誰もいなくなった。

トランプの足元を見たジュリアーニは弁護士費用として1日2万ドルを要求したが、トランプにはジュリアーニ以外に頼れる弁護士がいなかった。

共依存体質というべきか、腐れ縁というべきか。2人は一蓮托生《いちれんたくしょう》となり、毒を食らわば皿までの関係がここに成立する。

選挙の開票は、その間も、着実に進んでいった。4日午後に、バイデンがウィスコンシン州を取り、次いでミシガン州も取った。この時点でバイデンの王手がかかった。残る4州のうち1州をとれば選挙人が270人を超えて当選確実となる。

どっちつかずの状態で、丸2日が過ぎた。

敗北宣言の不在

その時は、7日の正午前にやってきた。

CNNが最初に、バイデンのペンシルベニア州での勝利を伝え、大統領当確を打った。

その直後、報道各社がそれに続いた。

これで事実上、勝負あった。

例年なら、この時点で、負けた陣営が敗北宣言をして選挙戦に終止符を打つ。20年よりも接戦だった16年、トランプと戦ったヒラリー・クリントンは選挙日の深夜、敗北宣言を行い、

「ドナルド・トランプがわれわれの大統領になります。われわれは彼に対する偏見を捨て、国を導く機会を与えるべきです」

と述べた。トランプに投票しなかった人たちにも、今後の4年間をトランプに託すべきだ、として国民の団結を呼びかけた。

大統領選挙とは、いわば国を挙げての〝交戦状態〟に入ることを意味している。敗北宣言とはその〝交戦状態〟に終止符を打つ。選挙に敗れた候補者自らが敗北を認めることで、その支持者たちもまた敗北という苦い結末を飲み込むことを余儀なくされる。敗北宣言は、新たな大統領が平和裏に誕生するのに欠かせないアメリカ民主主義の重要な儀式である。

しかし、トランプはそれまでも一貫して敗北を認めると明言することを避けてきた。そして、その言葉通り、20年の選挙において、トランプが明確に敗北宣言をすることはなかった。

敗北宣言の不在が、この先2カ月の間、アメリカ国内を混乱と無秩序に陥れ、最後には暴動へとつながっていく。

事実上は勝敗の決した選挙ではあったが、憲法上の手続きは残っていた。

憲法では、各州の選挙人が12月14日、州ごとに集まり投票を行い、その結果を連邦議会に送る。年が明けた1月6日、ワシントンDCの連邦議会で、各州から送られてきた選挙人を集計すると、すべてが終了となる。

通常なら、ほとんどだれも気に留めることのないこの日程が、20年の大統領選では重要になる。負けを認めないトランプ側は、この日程までに選挙結果を覆そうと蠢動《しゅんどう》を始めた。

防弾チョッキとガスマスク

バイデン当確を知るとすぐに私は、ミシガン州議会議事堂前に向かった。

選挙後のごたごたに備え、私は選挙前日までに、地元のガンショップで防弾チョッキを買い、アマゾンからヘルメットとガスマスクを手に入れていた。トランプが負けた場合、暴力的な事件が起こるのではないか、という複数の記事を読んだからだ。

この日、生まれて初めて身につける防弾チョッキには、たしかな重みがあった。

州議会議事堂前に着くと、すでに数多くの星条旗や「トランプ　２０２０」の旗がはためき、「不正な郵便投票の集計をやめろ」や「合法的な投票だけを数えろ」などの手書きのポスターがあふれていた。

バイデンが当選確実になったという事実に納得しない〝トランプ信者〟が、約２００人近く集まっていた。この日から数日、私は、〝トランプ信者〟が集う州議会議事堂前に通うことになる。

この集会の発起人の1人であるアダム・ハイロカー（39）は、選挙当夜の午後10時から翌朝午前5時まで、デトロイトの開票センターに選挙監視人《ポールウォッチャー》として詰めていた。投票の違法性を指摘できる役割を持っていた。

「ミシガン州で3日の夜、開票が始まった時、トランプが圧倒的に有利だっただろう。それが、午前3時前後に、投票所のガラスに板を張り付けて内部を見られないようにしたんだ。その直後、出所不明の多数の投票箱が運び込まれた。箱に入っていた13万票のすべてがバイデンへの投票だったんだ。この選挙が盗まれたことは確かなんだ」

そう話すハイロカーの腰には、《グロック19》という拳銃が差されていた。

デトロイトの開票担当者は、開票所内部を見えなくした理由をニューヨーク・タイムズ紙に次のように話している。

「開票所で働く人びとから、自分たちの写真や動画が勝手に撮られているという声が上がった。マスコミだけが、開票の作業現場の映像を撮ることが許されているのにもかかわらず、それ以外の人たちが映像を撮ることをやめなかったからだ」(20年11月5日付)

開票所に板を張り付けたのは、不正投票を覆い隠すためではない。さらに、開票所の内部が見えなかったことは、不正投票が行われたことを意味しない。

もう1つの論点は、13万票の不正投票が深夜に運び込まれたという点だ。

正確には13万8339票がバイデンに入ったという主張だ。

この数字は集計ミスの結果が、ほんの20分間ほど公表されたことから発した主張だった。

だが、ミシガン州の選挙管理委員会が、すぐ間違いに気付き数字は修正された。

それを、トランプに近い超保守系の団体《フェデラリスト協会》のメンバーが、「みんなが寝ている間に、ミシガン州の民主党員たちが13万8339票を発見し、そのすべてが魔法のようにバイデンへの得票になった」とツイッターに書き込み、それが拡散した。

そうした自分に有利なデマを見逃すトランプではない。

トランプはデマをリツイートして、

「一体これはどうしたことだ」と書き込んだ。

もちろん、〝トランプ信者〟は、ツイッターを経由した教祖様からのお言葉を額面通りに受け取る。

しかし、この話はニューヨーク・タイムズ紙やUSAトゥデイ紙の事実確認《ファクトチェック》によって否定されている（USAトゥデイ紙　20年11月4日付）。

その事実をハイロカーに伝えると、

「新聞のファクトチェックなんて信じないさ。新聞がこれまで、どれだけトランプの足を引っ張ってきたのかは知っているだろう。新聞が何と言おうと、選挙当夜に大規模な不正が行われた結果、間違ってバイデンに大統領の当確が付いた、と信じているよ」

今までにも聞いたセリフだが、そこには今までとは違う怪しげな熱量があった。溺れる者は藁《わら》をも摑む気持ちからか、メディアを批判する声に狂信者にも似た響きがこもっていた。

トランプ信者たち

私は、ハイロカーのように主要メディアがバイデン当確を打ったあとも、トランプが選挙に勝ったと主張する人たちを、これまでのトランプ支持者と区別して〝トランプ信者〟と呼ぶことにした。

その違いを説明しよう。トランプ支持者の中には、トランプに投票はしたが、トランプが負けたことを認める人も含まれる。しかし、〝トランプ信者〟とは、トランプが負けたという事実を受け入れられず、さまざまなウソや陰謀論を用いて事実を捻《ね》じ曲げようとする人びとのことだ。

これ以降、私が出会い、その話を聞く人びとは〝トランプ信者〟となる。

結論から言っておくと、20年の大統領選挙で選挙結果が覆るような大規模な不正投票は行われなかった。トランプの敗北は、主要メディアがバイデンの次期大統領就任を予測し

ミシガン州議事堂の前で再投票を求めるデービッド・ドゥーメター

た時点で決定していた。それでもトランプの勝利を信じる〝信者〟たちの主張することは、そのほとんどが陰謀論や妄想、ウソやデマのたぐいである。

デトロイトから来たというデービッド・ドゥーメター（33）は、全身をトランプ関連の服で固めて、

「不正投票が行われているので、再集計ではなく、再投票が必要だ」

という手書きのプラカードを持っていた。

道化師のようにも見えるドゥーメターはこう言った。

「開票の時、ソフトウエアの欠陥があってミシガン州内の1つの郡だけでも約6000票

のトランプ票が、バイデン票に切り替わった。他の郡でも同じようなことが起こっている。それだけ大規模な不正が行われた選挙を認めるわけにはいかない。だから、再集計ではなく、再投票を求めるんだ」

この主張は、ミシガン州北部のアントリム郡で起きた開票時の人的な集計ミスに端を発している。

アントリム郡は、4日午前4時に開票結果を発表したが、手元にある投票用紙による結果と食い違ったためすぐに再度、手作業で集計をして、投票用紙に基づく正しい数字を表示した。

州政府も、アントリム郡での出来事は人的なミスであり、ソフトウエアの不具合によるものではない、もし、人的ミスが起こったとしても、その後の集計作業との照合で発見され、修正されるようになっている、と発表している。アントリム郡などで使われていたソフトウエアは、《ドミニオン》が作ったものだった。

ドゥーメターが言ったことは事実と反する。しかし、後にこのソフトウエアの問題は、大きな陰謀論に発展していく。

集計ソフト陰謀論

トランプ信者は、どのようにして間違った情報に踊らされるのか。

このソフトウエアのウソに限ると、まずは、右派系のメディアがデマを数本の記事にして流した。トランプ自身やホワイトハウスの報道官がその内容をリツイートする。それを受け、共和党全国委員会の委員長が記者会見を開く。こうしてトランプの勝利を信じたい人たちの目にはソフトウエアのデマが正当性のあるニュースであるかのように映った。このニュースのエコーチェンバー（反響室）の中では、すべての発信者たちが同じ穴の狢《むじな》であるにもかかわらず。

さらに、それを個人のフェイスブックやツイッターなどのＳＮＳが拡散していく。右派系のネットメディアが流した３本の間違った記事だけでも、フェイスブック上で、１・５万回シェアされており、ツイッター上では67万人にその記事が届いた（ＡＦＰ通信20年11月８日付）。

これは後になって、《ドミニオン》という具体的な企業名とともに語られるようになる集計ソフトでの陰謀論の始まりである。

・まるで百鬼夜行《ひゃっきやこう》のように次から次へと現れる陰謀論の中でも、この集計ソフトによる不正という陰謀論は、野球でたとえると〝四番打者〟に相当する。

なぜ、四番打者となるのか。

不正投票を1票ずつ積み上げていっては、トランプがバイデンにつけられた大差をひっくり返すのは不可能だからだ。よって集計機を不正に操作することによって大量の投票が一斉に覆されたという陰謀論が繰り返される。

それがウソである理由が2つある。

ソフトウエアが投票を書き換えたという陰謀論が成り立たない理由の1つは、ソフトウエアを搭載した集計の機械は、インターネットの接続から遮断されており、外部の人間が遠隔で操作することはできないからだ。2つ目は、もし、集計ミスがあっても、各州が投票用紙を保存しているため、再集計することでミスを修正することができるからだ。

州議会議事堂の前の集会で目を引いたのは、拳銃だけでなく、ライフル銃を持って参加している支持者が少なくないことだ。

州都ランシングの南西にあるバトルクリークでバスの運転手をしているミッシェル・グレゴリー（29）と、同市の北東にあるフリントでトラック運転手をしているロブ・キニソン（38）は、ともに《AR15》というライフル銃を携え、防弾チョッキも着込んでいた。2人はこれまでミシガン州内で開かれたトランプの支援者集会で何度も顔を合わせ、こういった集会では揉め事が起こらないように見回りをする役目なのだという。

ミッシェル・グレゴリーに訊いてみた。

「何のために来たかって？ 選挙ではどんな違法行為も許されないと思うからよ」

——とはいえ、ここにライフル銃を持ってくる必要はありますか？

「私たちは、だれかを脅そうと思ってライフル銃を持ってきたわけじゃない。もし、意見の違う人同士で言い合いが始まったりしたら、それを収めるのに銃があると便利だからよ。それに銃を持つことは、アメリカの憲法でも認められているわ」

ミシガンの選挙のどこに不正があった、と主張しているのだろう。

ロブ・キニソンはこう話す。

「ミシガン州北部の郵政公社の職員が、郵便投票が投函された日付を改竄《かいざん》させられたって証言している映像があるじゃないか。あんなにはっきりとした選挙違反の証拠はないよ」

これは札付きの右派系活動家が、ツイッターで流した映像だ。当の郵政公社の職員は顔を見せず、音声も変えて語るという映像で、上司から、期限以降に到着した郵便投票の封筒の日付を選挙日の11月3日と捺印し、有効な投票に改竄させられたと語るビデオである。10万回以上リツイートされ、合計の再生回数は1000万回を超えた。

リツイートした1人に、トランプの長男であるドナルド・トランプ・ジュニアも含まれており「司法省はどこにいるんだ」というコメントを付けている。

ビデオの中で、職員は遅れて届いた郵便投票の消印を選挙日に変えて押すように命じられた、と語っている。

しかし、ミシガン州で有効となる郵便投票とは、選挙当日3日の午後8時までに開票所に届けられたかどうかということが基準であり、投函の日付は関係がなかった。つまり、ビデオの内容は不正投票とは無関係だ、というのが事実だった。

真実は重要ではない

先の右派系活動家は、ペンシルベニア州でも同じようなウソを広めようとした。

ペンシルベニア州では、郵便局員が、郵便局長が遅れてきた郵便投票の消印を改竄するように命令するのを聞いた、という宣誓供述書を提出した。右派の活動家たちは、当の郵便局員に話を聞いて、その映像をユーチューブ上で流した。郵便局員を「アメリカの英雄」だとし、ネット上で募金を呼びかけ、13万ドル以上を集めている。

だが、その郵便局員は、州政府や司法省などによる正式な調査が始まるとすぐに、証言は誤りだったとして撤回している。

しかし、トランプは、郵便局員が自らの宣誓供述書を撤回した後、証言を撤回したというのは事実とは異なる、と報じる記事をリツイートしている。

えっ、じゃあ本当はどっちなの？

郵便局員の宣誓供述書は正しいの？

それとも間違っているの？

そう思った人も多いことだろう。

疑問に思うのも当然だ。

しかし、何度でも言っておこう。20年のアメリカ大統領選挙で選挙結果を覆すような大規模な不正があったと主張する人は誰であれ、ウソをついている。

ここでの肝心な点は、最後にトランプがリツイートしたジャーナリストの記事がウソであることにあった。こうしたウソの厄介なところは、一度広まってしまうと、宣言供述書を撤回したという部分は伝わらず、証言したという〝一時《いっとき》の事実〟だけが、一人歩きしてしまうことだ。

こうしたトランプ自身やトランプ信者の攪乱戦法が加わると、砂嵐の中の砂漠で行く手を探すように、事実が見えづらくなる。実際に起こったことから、ウソを取り除くという腑分け作業に、根気と時間をかけないと、事実には近づけない。

また、いくら根気と時間をかけても、正しいニュースソースを見極めなければ、事実と虚実の間の泥濘《ぬかるみ》にはまってしまい、その結果、陰謀論の迷宮にまよい込んでしまうこともある。

郵便局員の話で大切なのは、宣誓供述書といういかめしそうに聞こえる法律用語だ。トランプ弁護団の主張の大部分は、この宣誓供述書を拠《よ》り所としている。ジュリアーニは選挙後、トランプに「不正選挙について証言する80通もの宣誓供述書が私の手元にあります！　80通ですよ！」と、あたかもその存在が裁判での勝利を確約するかのように語っている。だが、その実態は本人の気が変われば、いつでも撤回できるような薄っぺらな代物でしかない。

しかし、トランプ信者にとっては、どれが事実であるのかは次第に重要ではなくなってくる。トランプ信者にとっては、自分たちが信じたい話、つまりトランプが選挙で負けたのは不正投票のせいだ、という話以外には興味を示さなくなる。

親トランプ派の民兵

ミシガン州議会議事堂の集会では、陰謀論グループの《Qアノン》の旗を掲げている40代の男性の姿を見つけた。私は2度、この男性を見つけて声をかけている。男性は最初、名刺を渡そうとする私に「フェイクニュースになんか、しゃべることはない」と怒鳴ると、大股で立ち去っていった。次は、息子と思われる10代の男の子と一緒で、再び名刺を差し出す私に、「いや、結構」と言って取材を断った。

ミシガン州の州都ランシングに全米の注目が集まったのは、投票の約1カ月前のこと。FBIをはじめとする捜査当局が10月8日、武装した白人至上主義者のテロ集団が、知事のグレッチェン・ホイットマーを拉致《らち》して、州政府を転覆しようと計画した容疑で14人を逮捕した。

テロ集団は、知事が主導してきた新型コロナ対策を、憲法に違反しているとみなし、知事を反逆罪で私的裁判にかけるために内乱を起こすことを画策した。

コロナ禍においてホイットマーが主導した厳格な経済封鎖の政策が賛否両論を呼び、経済再開を最優先とするトランプとは犬猿の仲にあった。

犯人逮捕と同日に開かれた記者会見で、ホイットマーは、「国の指導者の言葉が持つ意味は重く、国内のテロリストを擁護すれば、彼らの行動を認めることになる」と、トランプを批判した。

その批判の下敷きには、トランプが大統領候補の討論会で、極右集団である《プラウド・

ボーイズ》に向かい「下がって待機せよ」と呼びかけ、世論の大きな反感を買ったことがある。

しかし、トランプは、すぐにツイッターで反撃に出た。「ヤツは俺に感謝する代わりに、俺を白人主義者呼ばわりしている」、「ミシガン州の州経済や学校、教会を開放しろ」と書き込んでいる。

この頃から、大統領選挙でトランプが負けることになれば、結果に納得しない親トランプ派の武装した民兵などが、ミシガンと同様の〝内乱〟を引き起こす危険性があると指摘されるようになった。

「中国共産党が阻止したんだ」

不正選挙の主張は10種類前後のパターンがあるのだが、それ以外の主張を繰り広げる人たちもいる。

デトロイトから駆け付けた、金融業界で働くというニック・ラッセル(35)は、アメリカ国旗の模様が入ったキャップを被り、白のシャツと黒のベストの上からライフル銃をか

ミシガン州議事堂にライフル銃を持ってきたニック・ラッセル

けている。

「トランプはミシガン州の選挙で勝利したが、CCPがそれを阻止したんだ」

CCPとはボランティア仲間のグレース・ノリスから聞いていた中国共産党のことだ。

「開票日の夜、ミシガン州で突然現れた13万票のバイデン票は、CCPが急いで印刷したものだ。習近平とジョー・バイデンが手を組んで、トランプが負けるように仕組んだんだ。バイデンの息子のハンターが、中国系企業の取締役を務めていて、これまでにも南シナ海の島をCCPに売り渡すのに一役買っている」

いろいろな疑問符が頭に浮かぶが、1つだけ訊いてみた。中国共産党はどこで投票用紙を印刷したのか、と。中国国内で印刷したのでは、開票に間に合わない。

「アメリカ国内にもＣＣＰの息のかかった印刷所がたくさんあるんだから、そんなのは何の問題もないさ」

即座には判断できない内容も多かったので、連絡先を教えてほしい、とお願いした。

「ダメだ。オレたちのやり取りはＣＣＰに筒抜けになるから。こちらからあんたの名刺に書いてあるメールアドレス宛に、情報源のリンクを送るよ」

どこまで本気なのか？

中国共産党はどれだけの能力を持っているというのか？

大統領選挙で、中国共産党が投票用紙を印刷したという話は、ネットで検索しても引っかかってこない。書き取った男性の名前と住所で検索しても、それらしい人物もヒットしない。彼から私宛のメールが送られてくることもなかった。私の手元に残ったのは、帽子を斜めに被ってライフルを肩にかけたニック・ラッセルの写真だけだった。

黒人のトランプ信者

この集会で初めて、私は黒人のトランプ信者の話を聞いた。

赤のトランプ帽子を被り、同じ色のトランプの名前が入ったトレーナーを着ていたジョン・マグーラ（36）である。住まいは、州議事堂から歩いてすぐの所にある。

16年にもトランプに投票したという彼が主張する不正とは、すでにすべてウソだと分かっていることだった。

彼の主張をすべて聞いてから、マグーラに私は尋ねた。

――16年の選挙では、トランプは黒人票の８％しか獲得していません。20年でもその数字は10％前後にとどまります。つまり、あなたは黒人の中では少数派ということになりますが、その点についてはどのように考えますか。

「それはトランプが人種差別主義者で、黒人である僕がそのトランプに投票するのはおかしい、と言いたいのかい。それなら、的外れだね。大統領自身が言っているように、トランプは黒人のために最も貢献した1人だからね。新型コロナの前は、黒人の失業率は史上最も低かったし、雇用機会向上地域《オポチュニティゾーン》という、黒人が多く住む地域に税金が回るような低所得地域向けの政策も作った。歴史的に黒人の学生が多かった大学への財政支援も増やしただろう。だから黒人の投票率も、前回と比べて増えたんだと思っているよ」

――バージニア州シャーロッツビルでの白人至上主義者たちのデモで、女性が轢《ひ》き殺された時、トランプが言った「それぞれに素晴らしい人がいる」というコメントについてはどう思いますか。

「車に轢き殺された女性は、アンティファのメンバーだったんだよ。もちろん、殺した男性を擁護する気はないけど、もっと全体像を見る必要がある。大統領が言った〝素晴らしい人〟という言葉も、全体の文脈から切り取ってメディアが流した言葉で、記者会見を通して見れば、その言葉も違って聞こえるさ」

手短に事実確認《ファクトチェック》をしておこう。犠牲者の女性がアンティファというのは、事実とは異なる。

「いいかい、我が家には9歳と8歳、それに6歳になる3人の息子たちがいるんだ。8歳になる子は養子で、白人なんだ。そんな僕にとって大切なのは、大統領がどんな肌の色であるかではなく、アメリカのために何をしてくれるかだよ。もう1つ大切なのは、合法的に選ばれた大統領かどうか。オバマもトランプも合法的に選ばれた大統領だけれど、バイデンのように不正選挙の結果、当選した大統領を認めるわけにはいかないのさ」

トランプ信者の話を聞いて歩いていると、黒地に黄色の文字で《プラウド・ボーイズ》と刺繍の入ったスエットシャツを着た男性を含む3人組を見つけた。大統領選の討論会で、人種差別主義者を非難しないのかと問われたトランプが、「下がって待機せよ」と命じた集団だ。

プラウド・ボーイズに入ったきっかけ

私が声をかけると、《プラウド・ボーイズ》と刺繍の入ったスエットシャツを着た男性は、マスコミにはしゃべらないんだ、と逃げた。だがほかの1人が、オレならいいよ、と取材を受けてくれた。

名前は、アーサー・モーガン(35)。ランシングに住み農業を営んでいる。黒のニットの帽子を被り、サングラスをかけ、顔と同じくらいの大きな顎鬚を蓄えていたため、見た目で年齢を推測するのは難しかった。

「プラウド・ボーイズに入ったきっかけ？　それは、歌手のマイリー・サイラスが、SNSでトランプとプラウド・ボーイズを支持していることを知ったことだな。それで2年前に、アメリカの伝統文化《ヘリテージ》を守るために参加したんだ。オレたちの重要な役目は、アンティファからアメリカを守ることだ」

――アメリカの伝統文化とは、西洋の伝統文化ということですか。

「そういうことになるよな」

西洋の伝統文化を堅持するという考え方は、白人至上主義の根幹にあたる。

――プラウド・ボーイズは白人至上主義者の集団と言われています。

「そんなわけないよ。オレたちのリーダーは、黒人だって知っているかい。もしオレたちが白人至上主義者ならば、黒人がリーダーになるわけがないじゃないか」

リーダーのエンリケ・タリオは、キューバ系アメリカ人であり、さらにはアフリカ系キューバ人であるため肌の色は黒い。しかし、アフリカから奴隷として連れてこられた祖先を持つアフリカ系アメリカ人とはその来歴がまったく異なる。

OKマークを作るプラウド・ボーイズの３人組。右がアーサー・モーガン

――トランプが、討論会で、プラウド・ボーイズについて言及した時はどう思いましたか。

「そりゃ、興奮したさあ。下がって待機せよ、って言葉はしびれるじゃないか。オレたちの名前が、大統領の言葉を通して全米に知れ渡ったんだからな。それ以来ミシガンでも、プラウド・ボーイズに入れてくれって志願者が急に増えたよ。今日も、バイデンの不正選挙を訴えるために、仲間とここに来たんだ」

――人種差別問題に取り組む《南部貧困法律センター》は、プラウド・ボーイズのことを白人至上主義的な極右団体だ、と指摘しています。

「だから、それは間違って伝わっているんだってさ！」

私の質問の風向きを感じ取ったのだろう。嫌そうな顔でそう言うと、その場から立ち去りそうな様子になってきた。

それならば、最後に写真を撮らせてくれ、とお願いすると、大丈夫だとの答えが返ってきた。

最初にモーガンの写真を数枚撮ると、仲間の２人も一緒に写りたいと言い出した。３人が肩を組み、それぞれ片手で親指と人差し指で輪を作り、残りの３本の指を立てたＯＫマークで写真に収まった。

このＯＫマークは、ここ数年、白人至上主義者を表すサインとなった。指の形がＷＰ《ホワイトパワー》の頭文字のように見え、トランプ自身もよく演説中に使うため、白人至上主義者の秘密の合図とされたからだ。

あまり話は聞けなかったが、この写真が撮れただけでもよしとしよう。

パラレルワールド

多種多様な人たちの思惑や計算が入り交じったトランプの大統領選挙は、どのような形で決着するのだろうか。

この集会の主催者の１人であるケビン・スキナー（34）は、連邦最高裁判所の判決まで待つとしながらも、最後は武力に訴えることも辞さない、と言う。

「もし最高裁でもトランプ陣営の訴えが認められないのなら、武器を持って立ち上がるしかない。そんなことはオレだってしたくないさ。でも、民主主義を守るにはそれ以外の選択肢はないか」

２０２０年の大統領選挙の最終結果は、次ページの図の通りバイデンが獲得した選挙人は全部で３０６人に対し、トランプは２３２人。バイデンが、〝ブルーウォール〟と呼ばれたミシガン州とペンシルベニア州、ウィスコンシン州の３州を16年の共和党支持《レッド・ステイト》の州から民主党支持《ブルー・ステイト》の州にひっくり返したのが、決め手となった。

2020年の大統領選でバイデン勝利

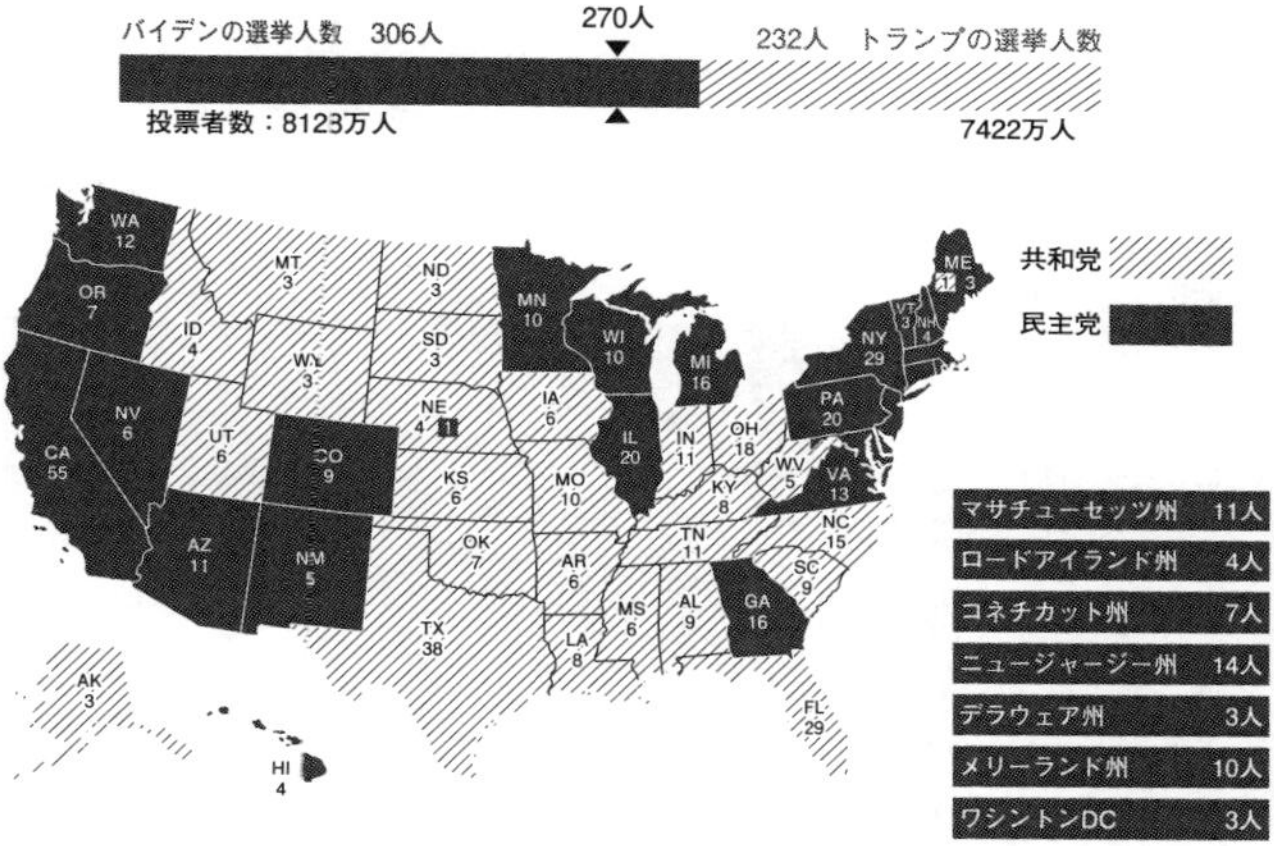

３０６対２３２という選挙結果は、皮肉にも前回、トランプがヒラリー・クリントンに勝利した時の選挙人の数字と同じとなった。

得票数は、バイデンが８１００万人超に対し、トランプは７４００万人超で、ここでも大きな差がついた。つまりは、バイデンの圧勝だった。

ただ、注目すべきは、負けはしたもののトランプが、得票数を16年から１１００万人以上増やしている点だ。

ボランティア活動を通して見てきたように、16年にはトランプに投票しながらも、行き過ぎたツイッターへの投稿や新型コロナウイルスに対しての無策といった理由により、トランプから離れていった有権者も少なからずいた。そうしたことを考えあわせると、敗北は喫したものの、トランプの支持基盤が大きく広がったことは明白だった。選挙には負けたとはいえ、トランプの人気が衰えていないことを示し、２０２４年の大統領選への再登板の目を残した。

さらに重要なのは、反トランプと親トランプの潮流がぶつかり合った結果、投票率は66%を超え、１９０４年以降で最高値となったことだ。16年と比べても7ポイント上昇している。

民主主義の基盤が選挙にあるとするのなら、過去4年間の〝トランプ劇場〟は、民主主義を広く人びとに浸透させた、ともいえる。この高い投票率は、トランプがアメリカ政治にもたらした最大の功績といえるのかもしれない。

ミシガン州に限って言えば、投票総数は５５４万票で、そのうちバイデンが２８０万票を取り、一方、トランプは２６５万票にとどまった。その差は15万票。これは前回の得票差数1万票という僅差と比べると、バイデンが明らかにミシガンを制したといえる。

しかし、不正選挙という幻影に憑依《ひょうい》され、〝パラレルワールド〟の住人となってしまったトランプは、選挙での敗北を認める気はなかった。この選挙には不正があったとして、結果を覆すためにがむしゃらに暴走を始めていた。

弁護団が笑いものに

トランプ陣営の不正選挙を訴える手段の1つは、選挙結果の無効を訴えて裁判を起こすことだった。

期日は、12月14日に各州で選挙人が投票を終えるまでで、刻々と迫っている。

これは容易なことではない。先に書いたように、アメリカの選挙は、各州が取り仕切って結果を出す仕組みとなっている。もし、トランプが選挙人270人以上を獲得し、勝者となるには、少なくとも激戦州のうちの4州でトランプが逆転勝利を手にしなければならないのだ。

ルディ・ジュリアーニが率いるトランプ弁護団は、戦略や戦術などなく、さらには勝てる見込みさえもなく、やみくもに裁判を起こした。ジュリアーニが最初に的を絞ったのはペンシルベニア州。激戦州の中で一番選挙人が多いからというのがその理由。

法廷に立ったジュリアーニは、ペンシルベニア州の裁判所で、共和党の選挙監視人が選挙当夜、十分に開票作業を監視できなかったことを理由に、68万票の投票を無効にするように訴えた。「これらの投票は、もしかするとミッキーマウスが投票したのかもしれません」などと主張して、世間の失笑を買った。

裁判の最大の注目点は、裁判官に訴訟内容の詳細を尋ねられたジュリアーニが、

「これは不正選挙についての訴えではありません」

と苦し紛れに本音を漏らしているところだ。

悪魔に魂を売ったようなジュリアーニでさえ、裁判所では大統領選挙に不正があった、と言い張ることができないほど根拠のない訴えであることが露見した。答えに窮したのは、ジュリアーニだけではない。同時に、アリゾナ州など他の州で進行していた裁判でも、ジュリアーニ以外の複数の弁護士が裁判官に問い詰められ、不正選挙の訴えではない、と白状している。

ペンシルベニア州の連邦地方裁判所は21日、トランプの訴えを「法的根拠のない推測による主張だ」と指摘した上で、「ペンシルベニア州のすべての有権者はもとより、米国では、

こうしたやり方で1人の有権者の権利を剝奪《はくだつ》することすら正当化できない」として訴えを棄却した。さらに、不正選挙の主張は「フランケンシュタインの怪物のようにでたらめに縫い合わされたものだ」とも指摘した。

不正選挙の裁判を代表するような、トランプ側の敗北だった。これを契機に、雪崩《なだれ》を打ったように敗訴が続く。

テレビを通して、トランプ弁護団がアメリカ中の笑い物となったのは、ペンシルベニア州の判決を待っている間に開いた記者会見でのこと。

トランプ自身の強い推薦で弁護団に入ったシドニー・パウエルが、ヒョウ柄のカーディガンを着て、

「ベネズエラやキューバ、中国などの共産国からのお金が多大な影響力を及ぼしており、アメリカの選挙に介入した」と述べた。

さらに、ドミニオンの集計用ソフトウエアは、ベネズエラの元大統領である「ウゴ・チャベスの指示によって作られた」と語った。このウゴ・チャベスは、2013年に鬼籍に入っていた。

役立たずだらけのトランプ弁護団の中でも、この陰謀論にまみれたパウエルのダメ弁護士ぶりは突出していた。トランプ政権が誕生する前にすでに亡くなっていた南米の独裁者が、墓場からよみがえり、20年のトランプの再選に立ちふさがったという突飛な筋書きは、SF小説としても無理があった。

司法長官に難癖

裁判の結果は、トランプ側は62件の訴訟を起こし、61回負けた。

要するに、ほぼ全敗である。

唯一の勝利も、ペンシルベニア州で行われた裁判で、郵便投票で身分証明に問題のあった一部票の隔離を命じたもの。しかし、8万票以上の票差がついた同州の結果には、何ら影響を及ぼさなかった。

トランプが〝切り札〟とみなしていた連邦最高裁も、最終的に21年2月の時点で、8件の訴えのすべてを退けている。

トランプは4年間の在任中に、9人いる最高判事のうち、3人を指名している。そのトランプにとっては、自分が任命した最高裁判事たちに〝手を嚙まれた〟ようなものだった。トランプの大きな特徴は、自分が任命した人物は、すべからくトランプに最大限の忠誠を尽くすべきだ、と信じて疑わないことだ。

しかし、トランプの〝忠犬〟と見られていた司法長官のビル・バーでさえもが、トランプの不正選挙という病的な妄想を打ち砕く。

ビル・バーはAP通信の取材に対し、司法省と連邦捜査局《FBI》が合同で調査したが、「今日に至るまで、大統領選挙の結果を覆すような大規模な不正は見つかっていない」と語った。

アメリカの法の番人である司法長官が、不正はなかったと宣言した。不正選挙を訴えるトランプの主張が、政権内部から崩れた瞬間だった。

トランプは、その日の午後、ビル・バーを呼びだし、3時間にわたって難癖《なんくせ》をつけた。

「どうしてあんなことを言ったんだ」

「記者の質問に答えないこともできたはずだ」

「そんなことを言う理由はどこにもなかったはずだ」

「お前はトランプのことを嫌っているに違いない」

——などなど。

ビル・バーを難詰《なんきつ》しながらトランプは、ＯＡＮＮ（ワン・アメリカ・ニュース・ネットワーク）という傍流ながら、親トランプを掲げる新興のケーブルテレビが映し出すニュースを見ていた。ＯＡＮＮはその時、ペンシルベニア州で日付を〝改竄された郵便投票〟や、ジョージア州で〝不正にスーツケースで運び込まれた投票〟についてのニュースを流していた。

トランプが「これらの不正についてはどう思っているんだ」と訊くと、ビル・バーは、「司法省でご指摘の〝不正〟についても調べましたが、すべて何の根拠もない主張でした」と答えている（"I Alone Can Fix It"）。

トランプは、ビル・バーが司法長官を辞任する旨をツイッターで伝えた。

激戦州に圧力

トランプ陣営には、裁判に訴える以外にも、もう1つの戦法があった。激戦州の州務長官に圧力をかけることだ。トランプ自らが積極的に電話をかけた。

ＣＮＮによると、トランプ陣営はペンシルベニア州とミシガン州、ジョージア州とアリゾナ州の４州の共和党員に対し、少なくとも30回にわたり、州の選挙結果をひっくり返すように圧力をかけている。

最も広く知れ渡っているのは、トランプが21年1月2日、ジョージア州の州務長官にかけた電話だ。

トランプがジョージア州に強気に出たのは、州知事のブライアン・ケンプが18年の州知事選挙で、トランプの推薦を受け当選を果たしていたからだ。もちろん、トランプは、ジョージア州政府がトランプの恩義に報いるべきだ、と考える。

ジョージア州政府の選挙は、バイデンが1万1779票差で勝利したことが確定している。その選挙結果を覆すように、投票を見つけてこいと1時間にわたって迫った。

「もう一回、集計し直したんだと言うことに何の不都合もないはずだ」と主張するトランプに対し、「大統領、ここで問題になるのは、あなたが持っているデータが間違っているということです」と州務長官は反論した。たとえば、トランプは、５０００人前後の死者がジョージア州で投票している、と主張したが、ジョージア州政府が見つけたのは２人に過ぎなかった。

トランプはさらにこう言った。

「俺はただ1万1780票を、見つけてほしいだけなんだ。そうするとバイデンより1票多くなる。というのも、ジョージアで勝利したのは俺達なんだからな」

存在していない投票を、バイデンより1票だけ多く見つけてこい、とプレッシャーをかける現職大統領。

民主主義の基盤をなす選挙結果を、トランプの思い通りに操作できるのなら、アメリカは民主主義国家ではなくなり、独裁者が治める独裁主義《ファシズム》国家に転落してしまう。しかし、トランプはアメリカの民主主義を守ることよりも、自分の再選を優先した。

加えて激戦州のジョージア州とウィスコンシン州2州で投票の再集計が行われた。

しかし、両州で行われた再集計でも、バイデン勝利の結果は変わらず、大規模な不正選挙の証拠は見つからなかった。それどころか、トランプ側が300万ドル支払って行ったウィスコンシン州の一部の再集計では、バイデン票が加算され、バイデンとトランプの得票差が、再集計前と比べて広がった。

裁判所ではほぼすべての訴えが退けられ、自らの司法長官からもダメ出しを食らい、共和党が優位を保つジョージア州の州務長官もトランプの訴えに首を縦に振らず、2回目の再集計でも自らの票を減らした。

もうこれ以上悪あがきはできないように見える。しかし、トランプと信者を乗せた〝トランプ列車〟は1つの秘策を隠し持ったまま、さらに暴走を続けた。

ニュースソースの変化

投票日以降、大統領職をほとんど放棄してきたトランプが12月5日、ジョージア州で支援者集会を開く、と言い出した。場所は、フロリダ州との州境にあるバルドスタという田舎街。

トランプには、どうしてもジョージア州の大統領選挙の結果を覆したい気持ちがあった。目的は何であれ、トランプの行くところには、トランプ信者が集まる。また支援者集会は、トランプの本音を聞くことができる機会だ。

私はアパラチア山脈の山道を通り、片道3日かけてバルドスタまで車を走らせた。距離は1600キロで、日本でいうと札幌－岡山間に匹敵する。それだけの距離を南下すると、ミシガンでの冬景色に対して、ジョージアでは夏の終わりぐらいまで時間が逆転したかのような錯覚を起こさせる。冬の服装では汗がしたたり落ちてくるほど暑かった。

当日の開場は、午後3時。支援者集会は午後7時から開始となっていた。できれば前日には到着したかったのだが、到着したのは当日の、しかも午後3時すぎ。車を指定されたショッピングモールに停め、そこからシャトルバスに乗って支援者集会が開かれる空港へと向かった。

最初に話を聞いたのは、白人男性のクライド・ニコラス（73）。ミシシッピ州で綿農場を営んでいるという。孫が6人いるというニコラスは前日、10時間かけて運転して支援者集会にやって来た。ベトナム戦争に従軍し、ヘリコプターの操縦を覚えてパイロットになった。退役後は故郷ミシシッピに帰り、綿農家を親から受け継いで、結婚して3人の子どもを育てた。

彼が信じるのは、ドミニオンの集計機が操作され、トランプ票がバイデン票に入れ替わった陰謀論。

私は、どこでそうしたニュースを収集するのかと、尋ねた。

「ＯＡＮＮやニュースマックス、それにエポック・タイムズ紙が多いかな。オレが住んでいるのは、ミシシッピ州の片田舎なんだけれど、スマホさえあれば、最新の情報を手に入れることができるのさ」

――既存のテレビ局はどうですか。

「ＡＢＣもＣＢＳもダメ。ＣＮＮもＭＳＮＢＣもいただけないね。ＦＯＸニュースも、アリゾナでバイデンの勝利を早とちりして以降、見なくなった。オレのオヤジは、『悪いやつにはしたい放題のことをやらせておけば、いつかは自滅する』が口癖だったけど、その通りだ、と思っている。言いたいやつには言わせておけばいいのさ」

――年が明けた1月20日に、大統領になるのは誰だと思いますか。

「トランプだよ」

写真はダメだという。「フェイスブックにトランプ支持の強烈なメッセージを書き込んでいるので、当局に目を付けられているんだ」と言う。

ここまで読むと、ずいぶん偏屈な爺さんを思い浮かべるかもしれないが、これが好々爺《こうこうや》といった感じに仕上がっている。もし私がミシシッピに来ることがあれば、ぜひ連絡をくれ、そう言って携帯電話の番号を教えてくれた。

主要メディアがバイデンの当確を報道した11月7日以降、トランプ信者の間で顕著になってきたのが、ニュースソースの変化である。

それまでFOXニュースが、トランプ支持者が情報を得る主要メディアであったが、FOXが意外にもまともなニュース機関であるのに気づき失望した。トランプ信者にとっては、FOXもCNNと同じで、トランプの敵にすぎなかった。

ウソを平気で流すOANNやニュースマックスという新興ネットワークが、トランプ信者の新たなニュースソースとなりつつあった。またフェイスブックやツイッターなどから自分の気に入った情報だけを選《え》り分ける人も少なくなかった。

全部がウソ

アトランタ郊外から来たアンドリュー・オーハウスキー（49）は、黒のTシャツに、トランプの名前が入った毛糸の帽子を被っていた。

「オレは70年代に生まれたんだけれど、学校を出て働くころには経済のグローバル化が進み、親父たちの世代のような高収入を得られる仕事が、どんどん減っていった。オレたちの世代はグローバル化の犠牲者だ。その一方で、労働者を安くこき使ったビル・ゲイツのような経営者は巨万の富を手にした。そうした不公平に立ち向かってくれたのがトランプというわけさ。ワシントンにはびこる権力の乱用や政府の汚職、エリート層の怠慢に斬り込んでくれたのもトランプだ。すべてオレのような庶民のためなんだ」

――20年の大統領選挙で不正があった、と信じていますか。

「もちろんだ」

――そう信じる理由は？

「ドミニオンという会社を知っているかい。亡くなったベネズエラの大統領が、海外の選挙を妨害するために作った会社なんだ。今回もこのドミニオンが作った集計機が、トランプへの投票を盗んだんだ。パウエルという軍事弁護士が、ベネズエラからアメリカに逃げてきた元政府高官の宣誓供述書を持っていて、それに基づいた確かな説なんだ」

ドミニオンも宣誓供述書も事実とは異なるのだが、あえて言うまい。

――すでに50件を超す訴訟のほとんどで、トランプ側の敗訴が決まっています。

「そうは言っても、本当に50件の裁判があったかどうかは、分からないだろう。オレはまだ全部の裁判のリストを見たことがないし」

――もしも私に1日くれるのなら、私がリストを作ることもできます。そうしたら、トランプの主張が裁判所に認められないことに同意しますか。

「えっ、あんたがリストを作るのかい？　そうだな、それを見たら同意するかもしれないな……。だけど、裁判所が認めないからといって、不正選挙がなかったことにはならない」

――このままでいくと、1月20日にはジョー・バイデンが新大統領に就任します。

「それはない、と断言するよ。まだ1カ月以上時間がある。再集計で結果が引っくり返る可能性もある。トランプは後4年間、大統領を続けるんだ」

「トランプ　2020」の帽子を被り、「トランプ&ペンス」とプリントされたTシャツを着て、友達と一緒に並んでいたのは、イザベラ・フィリップス（19）。地元の大学の2年生だ。中高年男性が多数を占めるトランプ信者の中で、10代の女性は珍しい。その彼女が語る。

「教会に熱心に通う家庭に育った私は、生命尊重派《プロライフ》の立場なの。宗派は、バプテスト派よ。

バイデンは中絶擁護派《プロチョイス》で、トランプは生命尊重派でしょう。私にとってはそこが大切な点なの」

――今回の大統領選挙は誰が勝ったと思っていますか。

「トランプよ。選挙当夜の真夜中に大量の投票用紙が見つかったり、共和党側の選挙監視人が、投票現場に近づけなかったりしたでしょう。それに、私が住んでいるジョージア州では、スーツケースに入れてバイデンと書かれた投票用紙が持ち込まれたというビデオも公開されているわ。身分証明書をチェックすることなく、投票できたという話も聞いている。これだけたくさんの疑惑が持ち上がっていて、それらの全部が間違っているとはとても思えないの」

その全部がウソなのだが、それも問うまい。

厳しくしつけられているんだなあ、と思ったのは、彼女の話す言葉の中に「Sir《サー》」という男性に対する敬称がたびたび現れたから。バルドスタと彼女の名前を入れて検索すると、4年前に地元紙に載った集合写真が出てきた。《オープン・バイブル・クリスチャン高校》のチアリーディング部が、ジョージア州の大会で1位になった時に撮った集合写真の中に彼女の顔を見つけた。高校名に〝クリスチャン〟の名前が付いているほど徹底したキリスト教の高校なのだ。

神によって選ばれた大統領

すでに開場時間をすぎているため、入場する人びとは、どんどん前に進んでいく。それを追いかけるように取材していた私は、列の最後の方に並んでいる人に声をかけ、入場のためのセキュリティーチェックの門の前まで来ると、また最後まで引き返して話を聞くという作業を続けていた。

前章で触れた中国政府から弾圧された法輪功が発行するエポック・タイムズ紙を配る中国系の人たちに出くわしたのはこの時のことだ。

歩きながらノートを取るのはつらい。歩いていない人から話を聞きたいものだ、と思って周りを見渡すと、

「神はわれわれとともにいる」

「不正のない選挙は重要だ」

と書いたプラカードを掲げている男性を見つけた。彼が立っている後ろの金網には、「銃＋トランプ」と書かれた星条旗が括《くく》り付けてあった。

エド・ウィルソン（61）は、フロリダ州から車で2時間かけてやってきた。地元で建築の請負業を営んでいる。

「トランプの再選を認めないということは、神に背くことになる。トランプを支えることは、聖書の教えを支持しているということだ」

のっけから神が出てきたよ。大仰だな、と思っていると、

「神は何でもお見通しだ。旧約聖書のエレミヤ書に、神は、われわれを子宮の中で作る前から、われわれのことを知っている、という言葉があるように、人間は全知全能の神の前にひれ伏すことが必要なんだ」

——それは、トランプを支持することは、神を信じることと同じだ、という意味ですか。

「そうじゃないよ。神はトランプとは別次元の崇高な存在だ。ただ、トランプは神によって、聖油を注がれたんだ」

——聖油とは？

「神が聖なる人を選ぶために、聖なる油を頭から注ぐことさ。トランプは、神によって選ばれた大統領なんだよ」

――それは、どういう宗派の教えなのですか。

「私はプロテスタントだけれど、どこの宗派にも属していない教会に通っている」

私の頭の中に疑問符が飛んでいることを感じ取ったウィルソンは、携帯電話を取り出し、1枚の画像を見せてくれた。

そこには、星条旗を背景にして、椅子に座ったトランプの後ろに、キリストらしき男性が立ち、トランプの両肩に手を乗せていた。初めて見るコラージュのような画面に一層戸惑っていると、ウィルソンはこう言った。

「今話したことを画像にすると、こういうことになる。アメリカという国で、神の御子《みこ》であるイエス・キリストが、トランプの後ろ盾になっている。アメリカは神によって成り立っているのであって、政府によって成り立っているわけじゃないんだ」

――あなたの後ろに掲げている「銃＋トランプ」という旗にはどのような意味があるのですか。

「不正選挙を覆す権限は、連邦最高裁判所や州の州務長官、連邦議会などにある。けれど、どこもその役割を果たさないとなれば、銃を取って立ち上がるしかないという意味だ。内戦も辞さない覚悟がある」

ミシガン州議会議事堂前でも聞いた内戦論は理解できたが、キリスト教絡みの話は、キツネにつままれた感じで、正直、よく分からなかった。

とりあえず、エド・ウィルソンが見せてくれたトランプとキリストらしき人物の画像を検索した。画像はすぐに見つかった。

キリストのように見えたその男は、陰謀論者であり、終末思想を持つカルト集団を率い、キリストの生まれ変わりだと自称していたチャールズ・マンソンだった。白人と黒人が生き残りをかけた黙示録的な戦争に突入することを予言していた白人至上主義者のマンソンは60年代に、9人を殺害した容疑で逮捕され、死刑判決が下った。それが終身刑へ変わった後、83歳で獄死している。

アメリカではカルト的人気がある人物のようだ。

さらに、ネットでマンソンとトランプの画像の出所をたどっていけば、20年春ごろに作られた「あなたは1人じゃない、大統領閣下　神はいつもあなたといる」という画像に行きついた。それがネットに出回った。「神はいつもあなたといる」という画題は、エド・ウィルソンが手書きのプラカードに書いていた「神はわれわれとともにいる」という言葉とほぼ同じだ。

どういう意図で、このコラージュが作られたかは、明らかになっていない。

エド・ウィルソンのようなトランプ信者は、このコラージュを、キリストがトランプを祝福している証左だとみなしている。しかし、実は白人至上主義者の連続殺人鬼が、トランプに「一緒にいるから大丈夫だ」と慰めている、という手の込んだいたずらであった可能性が高い。

この1カ月先に起こることを勘案すれば、アメリカの未来を暗示したコラージュだった。

妄想と事実の区別

午後5時半過ぎに日が暮れると、私は取材を打ち切り、支援者集会の会場に入り、トランプが来るのを待った。

会場内を見渡すと、トランプ信者全体のマスク着用率はざっと20％ぐらいか。トランプと名前の入った帽子を被っているのは半数以上。会場内の警備員の肌には、ほぼ100％刺青が入っているが、マスクをしている人は1人もいない。

大統領専用機《エアフォースワン》が空港に着陸したのは、7時過ぎのこと。タラップからトランプが降りてくるのが見えた。

トランプの入場曲となった『ゴッド・ブレス・ザ・USA』がボリュームをさらに上げて流れる中、赤のネクタイを締めたトランプが、赤のレザージャケットを身にまとった妻のメラニアを伴って壇上に現れた。

信者たちはスマホを掲げ、〝現人神《あらひとがみ》〟が降臨する姿を動画に収めながら、

「もう4年！　もう4年！」

「USA！　USA！」

などと叫び、トランプを出迎えた。

トランプは演説をこう切り出した。

「俺達は、ジョージア州で勝ったんだ。フロリダ州でも勝った。多くの州で勝ったんだ」

信者たちは、

「We Love You!」、「We Love You!」、「We Love You!」

——と熱狂的に応じた。

トランプが選挙後、側近などに繰り返し訴えてきたことも演説の言葉に現れた。

「俺は、今回の選挙で7400万票以上を獲得したんだ。これは現職の大統領の中では一番多い得票数だ。16年と比べても約1100万票多い。俺の周りにいた選挙の専門家が言ったんだ、もし6700万票か6800万票を取れば、当選は間違いありません、とな。俺には7400万票を超す得票があったのに、ヤツらは、俺達が選挙で負けた、と言い続ける。けれど、俺達は、選挙に勝ったんだ」

トランプが勝ったと主張する背景にある、トランプには熱狂的な信者がいるが、バイデンにはいないという話も出てくる。

「バイデンは8000万票を取ったというのに、感謝祭に、ネットで演説を流した時には、1000人しか聞いてなかったそうじゃないか。どうして8000万票を取ったやつが、1000人しか人を集められないんだ?」

事実確認《ファクトチェック》をしておくと、1000人しかバイデンの感謝祭の演説を見ていないというのはウソ。500万人以上がバイデンの感謝祭の演説を視聴している。

投票後のトランプの行動を追っていくと、トランプが先の2点を念仏のように繰り返しているのが分かる。

たしかに、トランプが16年を上回る得票をするとは、トランプ陣営の選挙参謀でも予想しなかっただろう。しかし、選挙には相手がある。ジョー・バイデンが8100万票以上を獲得しているので、トランプは選挙で負けたのだ。

なぜトランプがこの簡単で明白な事実を理解できないのかは、だれにも分からない。

自分が勝ったはずなのに負けたのはなぜだ、とトランプが考えた時、その理由として不正選挙があったという陰謀論がしっくりきた。それで、陰謀論にのめり込み、妄想と事実との区別がつかなくなったのではないか、というのが私の推測である。

各州が選挙人を集め投票するまでに、時間がないと悟ったトランプは、照準を次に移しながら、ワシントンＤＣへの帰途についた。

次章では、アメリカの民主主義を危機に陥れた1月6日の連邦議会議事堂襲撃事件から、厳戒態勢の中で行われたジョー・バイデンの就任式までを描く。

第6章

Qアノンと行く「連邦議事堂襲撃」への道

ワシントンDCに向かうためランシングのアパートを早朝に出発し、デトロイトの空港で飛行機を乗り換えたのは、2021年の1月5日の朝8時台のこと。

3人掛けの座席で私が座るのは通路側。真ん中の席は空席で、窓際には白人女性が座っていた。朝食代わりなのかラズベリーパンを食べながら、数独の升目を埋めていた。

ブルーのシャツの上に同系色のジャケットを着ていた女性の腕元を見ると、ビーズ細工で《Qanon》の文字があった。

私は慌てて名刺を探し出し、自己紹介してから、

「Qアノンの信者なんですか?」

と尋ねた。

「そうよ。Qアノンの信者《フォロワー》よ」

と、笑顔で答えたのは、ミシガン州ミルフォードに住むホーリー・スパルディング

飛行機で隣り合わせたQアノン信者のホーリー・スパルディング

（47）だった。

Qアノンのとは集団の主宰者を指し、そのQが出す質問に対し、匿名《アノニマス》の信者がその答えを探し出す。Qアノンとは、小児性愛者と闘うという極右の陰謀論集団のことだ。FBIは、Qアノンが国内テロの脅威になり得るととらえている。

私は1年近く、このQアノンの信者に取材したいと思っていたのだが、それが、あっさりと叶った。

Qアノンにはまった人

Qアノンとはいったいどんな活動をするのかと訊くと、スパルディングはこう話してくれた。

「Qアノンって、何か答えを提示するところではないのよ。〝プレイング・メディック〟という主宰者が、いろいろな質問を発するの。たとえば、ビル・クリントンとアル・ゴアの名前が入った南部の連邦旗に1992年の文字が入った写真を提示して、これを調べよ、とか、ジョン・F・ケネディの息子（1999年に飛行機事故で死亡）が、まだ生きていると思うか、っていうお題もあったわね。ほかにはナンシー・ペロシ（カリフォルニア州民主党下院議長）が、なぜ新型コロナが発生する直前に、中国の武漢市を訪問したかについて深く調べよ、とかね。それぞれがネット上で情報を探して、それぞれの正解にたどり着くの。信者に向けた掲示板には、こうした投稿がこれまでに5000回近くあったわ」

お笑い番組によくある大喜利《おおぎり》のお題みたいだな、とも思えるが、陰謀論であることに変わりはない。

しかし、スパルディングは反論する。

「陰謀論ではないのよ。主宰者は、写真や記事を提示して、こうした課題を自分で深く調べよって指示するだけなんだから。それぞれの個人が、主宰者とネット上でつながっているだけで、Qアノンとしての集会があるわけでは、ないわね」

3人の息子を持つ母親であるスパルディングは専業主婦であり、子育てに加え、PTA活動や、生活困窮者のために食糧を配給するフードバンクでのボランティア活動などをこなす。

以前は、アメリカの報道で中道といわれる米公共ラジオ局《NPR》のニュースを熱心に聞き、08年の大統領選挙ではオバマに投票したスパルディングが、「何かがおかしい」と感じ始めたのは、〝オバマケア〟が成立した後で、家族の健康保険料が月額400ドルから2700ドルに跳ね上がって以来のことだ。

オバマケアができると、無保険者の数が減り、すでに保険を持っている人の負担も減ると思い込んでいただけに、保険料が7倍近くに跳ね上がったことに不信感を抱いた。

それからスパルディングの〝正解〟を探す旅が始まる。

まず、NPRを聞くのをやめた。その頃、再婚した夫が勧めるQアノンに足を踏み入れるようになる。Qアノンの入門書を読み、ネット上の同志に勧められて移民排斥を訴える映画も観た。そうして、徐々にQアノンにはまっていった。

スパルディングの場合、入り口は高騰した保険料だったが、Qアノンにのめり込むきっかけは信者の数だけある。

米公共宗教研究所がまとめた調査結果によると、ネット上で17年後半に始まったQアノンを強く信奉する人たちは、共和党や右派メディアの支持者に際だって多く、全米に3000万人以上いることが分かっている。

「政界やメディア、金融界のエリートが、児童の性的な人身売買を行う悪魔崇拝者に操られている」など、Qアノンの基本的な陰謀論に同意する信奉者がアメリカ全体の14％に達した。彼らは同時に、トランプを悪魔崇拝者と闘う英雄として位置付ける。

子どもの生き血をするなんて、日本人にはウソのように聞こえる陰謀論だが、アメリカにはそれを受け入れる土壌がある。

悪魔的な人びとが秘密裏に会合を開き、子どもを虐待しているという間違った話の起源は中世ヨーロッパにまでさかのぼる。〝血の中傷〟と呼ばれる誤った民間伝承によると、ユダヤ教徒が秘密の会合を開き、キリスト教徒の子どもの血液を儀式に使っている、というもの。この主題をモチーフにして描かれた絵画も少なくない（PBS “United States of

Conspiracy" 20年7月28日放送)。

そうした民間伝承が、形を変えて今日によみがえったのがQアノンだ。

ピザゲート事件

Qアノンが活動を始めるほぼ1年前、その先駆けとなる事件が起こっている。

消防士のエドガー・ウェルチは16年の年末、自宅のあるノースカロライナからワシントンDCに向けて車を走らせた。28歳のウェルチは、2人の娘を持つ父親として、ピザ屋の地下で瀕死の状態にある子どもたちを救わなくてはならない、という使命に燃えていた。"闇の政府《ディープステイト》"の手先によって地下で児童買春や児童の性的虐待が行われていると信じ込んだ。犯行現場であるワシントンDCに実在する《コメット・ピンポン》というピザ屋に、ライフル銃と拳銃を持って押し入り、発砲した。

もちろん、児童買春などは行われておらず、そのピザ屋にはウェルチが目指した地下室さえ存在しなかった。現行犯で逮捕されたウェルチは、懲役4年の実刑判決を受けた。

《コメット・ピンポン》が陰謀論のターゲットになったのは、民主党の政治家や支持者が集まることで有名な店だったからだ。店名にピンポンとあるのは店内に3台の卓球台が置かれていることによる。

ヒラリー・クリントンが国務長官時代、私的なメールアドレスを使ったとしてFBIが調査に乗り出した時、ウィキリークスがクリントンのメールアドレスを乗っ取り流出させた。そのクリントンのメールで使われていた「チーズピザ」という言葉は少女を指し、「パスタ」は少年を指す隠語だと曲解した。その児童売買が行われているのが、《コメット・ピンポン》だ、と。

アメリカでは《ピザゲート》として広く知られる事件だ。

しかし、飛行機で隣り合わせたQアノン信者の女性は、拍子抜けするほどアメリカのどこにでもいるような中流家庭の主婦だった。彼女がワシントンDCに行って心を痛めるのは、そのホームレスの多さだ、と言う。

「彼らに会ったら、少額でも直接お金を渡すようにしているの。支援施設に献金するより、直接渡す方が、彼らも急場をしのげるでしょう」とスパルディング。

だが、彼女もまた、アメリカでは児童売買が行われており、トランプがその悪魔的な存在と闘っているのだ、と言う。さらに大統領選挙は盗まれた、とも信じている。

「サブウェイのCMに出て有名人になった男（ジャレッド・フォーグルを指す）がその後、小児性愛者として逮捕され、実刑判決を受けたのは有名な話よね。デニス・ハスタート（元下院議員）だって、コーチを務めていた高校のレスリング部の男子生徒たちに性的虐待の口止め料を払って、実刑判決を受けているわ。彼らも悪魔集団の一員なのよ。まだ、その全貌は容易に現れないけれど、そうした邪悪な集団がこの国にはあるの。そうした集団と1人で闘うのがトランプ大統領なのよ」

――20年の大統領選挙で不正な操作が行われたと信じていますか。

「もちろんよ。私自身が、選挙当夜、デトロイトの集計所に行って、壁に板が張られ、内部を見えなくするのを見たわ。不正選挙が行われたことは100％間違いないわ」

そこまで言うと、彼女が、

「大統領選挙に勝ったのはトランプでしょう!!」

と、ほかの乗客に声をかけた。

すると「その通りだ」と言ういくつもの歓声とともに、トランプの帽子や旗などが振られた。乗客の半分以上が、トランプの集会に向かっていたのが分かった。

飛行機だけじゃない。数万人というトランプ信者がアメリカ中から、バスを仕立てたり、電車を乗り継いだりして、翌日のワシントンDCでの集会に馳せ参じた。

翌1月6日は、連邦議事堂で、各州が集計した選挙人を合計し、ジョー・バイデンが大統領選挙に勝利したことを認定する日だったため、トランプ信者たちは、どうしてもそれを阻止しなければならなかった。

アメリカ人の陰謀論好き

Qアノンにしろ、〝闇の政府《ディープステイト》〟にしろ、アメリカ人はどうしてここまで陰謀論にのめり込むのか。日本人からすると、アメリカ人の陰謀論好きは理解を超えている。だが、そこにはアメリカの歴史が深く絡んでいた。アメリカ人の陰謀論好きには、この国の原型がキリスト教の信教の自由のために作られたことが深く関係している。

また、キリスト教と陰謀論には親和性がある。

キリスト教では、この世界の背後には神という目には見えない支配者がいて、自らの意思で宇宙全体を導き、計画を実行しているというのが、その基本的な考え方。現実世界で見えている点と点を結ぶと、いつの間にか大きな絵が浮かび上がってくる。これは陰謀論と同じ構図だ。

アメリカは近代の合理主義と啓蒙主義から生まれた国なので、物事はすべて合理的に進むという歴史的認識がある。だから、少しでも不合理なことや、意図せざる物事が起き始めると、何かがおかしいのではないか、だれかがよからぬことを企んでいるのではないかという論理が自然に発生する。

説明のつかないものを、どうにかして納得しようとする時、キリスト教の基本構造とアメリカ固有の合理主義史観が合わさることで、陰謀論の温床ができあがる（「中央公論」21年5月号　国際基督教大学教授・森本あんり談）。

アメリカ史において陰謀論の対象とされてきたのが、魔女やカトリック教徒、フリーメイソンやアメリカ先住民などである。

トランプが2016年に大統領になったことと、陰謀論がアメリカの隅ずみにまで浸透したことには深い関係がある。

アメリカのサブカルチャーの泰斗《たいと》であるカート・アンダーセンは次のように説明する。アメリカで陰謀論が社会の傍流から主流に入ってきたのは80年代のロナルド・レーガンの時代。それが完成したのは、半数以上のアメリカ人がネットにつながるようになった2000年代のこと。そして、フェイスブックやツイッターなどSNSの利用が拍車をかけ、陰謀論はアメリカに大きな徒花《あだばな》を咲かせた。

トランプが大統領になると決意したきっかけは、アメリカ人の心の奥底にある2つの気質と結びついた新たな陰謀論が、人びとの間に根付いたと信じたからだ。その気質とは、非白人や外国人への恐怖と嫌悪感である。また、トランプは、政治はショーでありでっち上げだとアメリカ人の一定数が信じるようになるまで待ってから、大統領選挙に出馬した（『ファンタジーランド』）。

12年の大統領選挙に出馬しようと考えたトランプは、初の黒人大統領となり再選を目指していたオバマに対し、ケニアで生まれたので大統領になる資格はない、という国籍陰謀論を主張し、メディアの注目を一身に浴びた。しかし、オバマが正式な出生届を公開すると、トランプは陰謀論の撤回に追い込まれると同時に、自分自身の大統領選出馬を見送ることを余儀なくされた。

その直後、ホワイトハウス特派員協会の晩餐会に招かれたトランプは、オバマによって陰謀論を逆手に取られ、嘲笑の対象となった。その復讐のため、16年の大統領選挙に出馬しようと決意した経緯はすでに書いた。

〝闇の政府〟の一員

Qアノン信者のスパルディングの隣に座り、空路を経てホワイトハウス近くにあるホテルにチェックインした後、私は辻演説が聞こえてくる方向に向かって歩いた。ホテルのそばにあった広場には、マイクとスピーカーが用意されて即席の演説会場となり、多くのトランプ信者が集まっていた。

私が訊きたかったのは、11月の選挙から2カ月間、トランプ側が決定的な証拠を出せないままでいるのに、どうしてトランプの再選を信じることができるのか、という点。

フロリダから2日間、眠らずに車を運転してきたというエイブ・フロマン（45）は、トランプは選挙で負けた、という私に対し、

「それはメディアが流すウソだ」と即座に切り返した。「今のメディアを誰がコントロールしていると思っているんだい。ビル・ゲイツやジョージ・ソロス（著名な投資家）、ディズニー社、それに中国共産党だ。携帯電話や自動車などの消費者向け商品において、アメリカは世界最大の市場なのだから、中国がその市場を牛耳りたい。そのためには中国に対して厳しいトランプより、バイデンの方が操りやすいと考えているのさ」

——筋書きとしては理解できますが、そこには決定的な証拠が欠けています。

「それはまだないさ。決定的な証拠は、〝闇の政府《ディープステイト》〟によって何層にも覆い隠されているんだから、それを一つひとつはがすのには時間がかかるんだ」

——前司法長官のビル・バーは、不正選挙の証拠はなかった、と明言しています。

「ビル・バーには心底がっかりしたよ。バーも、結局は、〝闇の政府《ディープステイト》〟の一員にすぎないということが分かっただけさ」

イエス・キリストの文字が入った帽子を被ったマークも、不正選挙があったと信じている。

「決定的証拠だって？　ドミニオン社の集計機もそうだし、死者も投票している。郵便投票を使って、2度、3度と投票したヤツらだっている。証拠だらけじゃないか」

――もしも、不正選挙があったのなら、それを行った人が起訴され、裁判で有罪となる必要があります。しかし、そうした事例は1件もありません。

「たった2カ月じゃ無理さ。まだ時間がかかるのさ。そのためにも、マイク・ペンスが明日、連邦議事堂の会議で、選挙人の結果を各州に差し戻す必要があるんだ。いいかい、オレたちが闘っているのは、アメリカ国内の共和党対民主党の争いじゃないんだ。善対悪、正義対不義、資本主義対共産主義――の闘いだ。どうしても負けるわけにはいかない」

トランプは、数万人という信者がDCに集まり、応援してくれることに高揚したのか、翌6日は積極的にツイッターで発信した。

「マイク・ペンス副大統領が俺達の側につけば、俺達は大統領の座を勝ち取れる」

「昨夜遅く、5万票（の不正投票）が見つかった。愚か者のせいでアメリカが笑い物になっている」

「メキシコ人でさえ（アメリカで投票できる）有権者身分証明書を使っている」

冒頭で書いたその日の正午から始まった演説で、トランプは2つのウソを吐いた。

1つは不正選挙があったというウソ。

「選挙が盗まれた時、俺達は決してあきらめてはいけないし、敗北を宣言することもない」

この日、トランプが繰り返したもう1つのウソは、憲法が副大統領に選挙結果を覆す権限を与えている、というもの。

トランプは演説でこう語った。

「マイク・ペンスが正しいことを行ってくれることを願う。マイクが正しいことをすれば、俺達は勝てるんだから」

「副大統領のペンスがすべきことは、結果を見直すために、選挙結果を各州に差し戻すだけでいい」

しかし、合衆国憲法が副大統領に与えた権限とは、連邦議会の集計作業を見守る役割だけだ。選挙結果をひっくり返したり、州政府に差し戻したりする権限は与えていない。

演説の最後にトランプは、

「今は、連邦議会が、民主主義に対するこの破廉恥な攻撃に立ち向かう時だ。この演説が終わったら、連邦議事堂に行進していこう。俺もその行進に加わろう。勇敢な連邦議会の議員たちを応援するためにだ。皆は力強さを見せなければならない。強くないといけないんだ」

と締めくくった。

独りでテレビを見ていた

もちろん、トランプは連邦議事堂へ向かいはしない。

ならば、演説を終えたトランプは、何をしていたのだろう。

トランプはホワイトハウスに戻り、いつものようにテレビを見ていた。

それも独りで。

11月に大統領選の敗北が決まって以来、トランプには一緒にテレビを見ながら、彼が吐き出す〝不正選挙〟や〝フェイクニュース〟に対する恨みつらみに付き合ってくれる取り巻きが、めっきり少なくなっていた。

ホワイトハウスだけではない。トランプに賛同していた体裁をとりつくろっていた共和党の政治家であっても、トランプが選挙で勝ったと信じる者はだれもいなかった。

演説を終えてテレビを見ているトランプの元に、首席補佐官が血相を変えて駆け込んできた。

「大統領は演説でわれわれも一緒に連邦議事堂に行くと言ったそうですね」

「そうだったかな……」とトランプ。

「われわれは、連邦議事堂まで行くことはできません」

「いや、初めから行く気はなかったんだ」と、トランプは返事をした（"Landslide"）。

その後もテレビを見続けたトランプは初め心底喜んだ。

ホワイトハウス内では尾羽打ち枯らしたようなトランプではあったが、その信者たちはいまだにトランプの言葉を信じ、連邦議事堂に向かって行進している。トランプの旗を振り、MAGA帽子を被った信者たちが、トランプの言葉を額面通りに受け取ってくれている光景は、トランプを勇気づけた。

同じころ、過去4年間、トランプの横に立ち、〝イエスマン〟としてふるまってきた副大統領のマイク・ペンスは、危うく命を落とす危機に直面する。

その前夜、トランプとペンスの間に、ペンスが務める議長職に関して、激しい口論があった。

ペンスには選挙結果を覆すことができると主張するトランプは、それまでも何日にもわたりペンスにプレッシャーをかけ続けていた。憲法上、議長職とは形式的なもので、選挙結果については何の権限も持ち合わせていない、と言うペンスに、トランプが癇癪《かんしゃく》を爆発させた。

「違うんだよ。お前は何も理解していないんだ、マイク。いいか、お前には、選挙結果を覆すことができるんだ。もしそれができないと言うのなら、俺はお前の友達じゃなくなるぞ」

それでも首を縦に振らないペンスに対し、トランプは、

「お前は俺達を裏切っているんだ。俺がお前を副大統領にしてやったのに、お前は何の役にも立ってこなかった。もし、お前が議会でバイデンが大統領になるのを阻止しなかったら、お前の政治生命はおしまいだ」

ペンスは身動きもせず、トランプの批判を聞き流した。ペンスにできることは何もなかったのだから（"Peril"）。

ペンスを絞首刑にせよ

この前夜の確執は、午後2時すぎに連邦議事堂での会議が休止となった後、トランプのツイッターの文言に現れた。

「マイク・ペンスは、アメリカと憲法を守るために必要なことをする勇気がなかった。訂正された事実を確認するチャンスを各州に与えなかった。合衆国は真実を求めている！」

連邦議事堂内外に集まった〝トランプ信者〟はその頃、

「ペンスはどこだ？」

「ペンスを絞首刑にせよ！」

と叫びながら、ペンスを血眼《ちまなこ》になって探し回っていた。連邦議事堂の東側には即席の処刑台も作られた。

だが、暴徒と向かい合った警官の機転のおかげで、ペンスは暴徒に見つかることなく、議事堂内の避難場所に隠れることができた。

その後、ペンス専属のシークレットサービスのトップは何度も、ペンスに向かい、特殊車両に乗り連邦議事堂外に脱出することを求めた。

しかし、ペンスはその申し出をこう言って拒否している。

「私はこの車には乗らないよ。たしかに君のことは信頼している。けれど、車を運転するのは君ではない。もし私が車に乗ったら、君たちとは別れ別れになるのだから、私は乗らない」（"I Alone Can Fix It"）

そう返事をして、地下の避難場所で暴動が治まるのを待った。

ペンスは、トランプの側近が車両を運転するのを装い、ペンスを誘拐することもあり得る、と恐れていた。4年前に、一緒に合衆国憲法を堅持すると宣誓した大統領さえもが、敵か味方か分からないほど、連邦議事堂内は混沌をきわめた。

信者を切って捨てた

最初に連邦議事堂内へ侵入したのは、プラウド・ボーイズの男性メンバーだった。その後、Qアノン信者で、元空軍軍人だった女性が、無理やり会議場に突入しようとしたところで、警官に撃たれて死亡した。

このあたりから潮目が変わり始める。

暴徒の行動が暴力的になるにつれ、トランプは〝トランプ信者〟との距離を置き始める。それまで暴徒が自身の再選のために闘っていると喜んでいたトランプだったが、暴力行為が加速するにつれ、自分とは関係ないという立ち位置を取り始めたのだ。俺と暴徒とは何の関係もない。暴徒が引き起こした騒動の責任を俺が取る必要はない、と考えるようになる。

側近が電話を入れると、トランプは、

「いったい、事態はどれだけ悪いんだ。俺達は、世間からどう見られているんだ？」

と口火を切った。

「ひどい光景じゃないか。本当にひどい。連邦議事堂を襲ったヤツらは、いったい誰なんだ。絶対、俺の支持者じゃないぞ。俺の支持者みたいな服を着ているけれど、馬鹿どもだ。ヤツらは民主党支持者なんだろう」

として信者を切り捨てている（"Landslide"）。

同日だけでも、52人が連邦議事堂襲撃に絡んで逮捕された。警官1人を含む5人が死亡し、警官だけでも140人が負傷した。

連邦議事堂襲撃を取材した私は、この日、閃光弾や催涙スプレーを浴びながら、「今日、アメリカの民主主義が死んだ」とメモ帳に走り書きをした。

11月の選挙から2カ月近く敗北宣言を出さずに、権力にしがみつこうとしたトランプも、自分の演説で煽った信者たちが連邦議事堂へ襲撃した模様が全米に生放送されたことで進退窮まった。

トランプとトランプ信者を乗せた〝トランプ列車〟が衆人環視の下で脱線事故を起こした瞬間だった。

トランプの悪あがきも、ここで万事休すとなった。

すでに去っていった側近たちに加え、翌日から、連邦議事堂襲撃に関与しているとみられることを嫌った政府高官たちが、相次いで辞任していった。

トランプへの多額の献金が評価され教育長官を任されてきたベッツィー・デボスは、辞任届にこう書いた。

「私達には、民主主義の土台を侵食するような連邦議事堂襲撃を仕掛けた人たちによって引き起こされた大惨事の後片付けが残されました。その行動は許しがたく、大統領がこれまで用いてきた扇情的な言葉が大きな影響を与えたのは間違いありません。それゆえ、私は辞任を決めました」

すでに12月に辞任していたホワイトハウスの広報担当者は、1月6日夜のニュース番組で、自分が早期にトランプを見切ったことを自慢した。また、トランプの引きで弁護団に入った顧問弁護士は、辞任の日を1月6日より1週間早めてくれるように頼んでいる。

暴動事件後に、閣僚や顧問弁護士が辞任していくのを受け、トランプは、事実上の〝敗北宣言〟の映像をツイッター上に流すことを余儀なくされた。

まず、トランプはこう言って、暴徒と化した〝トランプ信者〟を切って捨てた。

「連邦議事堂に侵入したデモ参加者は、アメリカの民主主義を汚した。暴力や破壊活動に関わった者たちは、アメリカを裏切ったんだ。法を犯した者たちは、その代償を払うことになるだろう」

その後、バイデン新政権への政権交代について次のように語った。

「連邦議会が、大統領選挙の結果を認定した。新しい大統領が1月20日に誕生する。俺が今、気にかけていることは、円滑で、秩序があり、切れ目のない政権移行を確保することだ」

ようやくトランプが、新政権に移行することを認め、それが秩序ある政権移行となるように約束することを強いられた。

バイデンの名前や敗北といった言葉が一度も出てこない〝敗北宣言〟だった。しかし、トランプの人生において、最も屈辱的な言葉であっただろう。

ツイッター社は8日、今後もトランプの投稿を許すのならば、1月20日の就任式までに新たな暴力行為を引き起こしかねないという理由で、トランプのアカウントを永久凍結した。9000万人近くのフォロワーを持ち、トランプにとって最大の政治資産であったツイッターのアカウントまでも失うことになる。

中国政府は先制攻撃を危ぶんだ

連邦議事堂襲撃の映像に動揺したのは、アメリカ国内だけではなかった。

中国政府は、自暴自棄《じぼうじき》となったトランプが、事態をさらなる混沌に陥れるため、中国に先制攻撃を仕掛けてくるのではないか、と本気で危ぶんだ。

米軍の制服組のトップを務めるのは統合参謀本部議長のマーク・ミリーだった。

そのマーク・ミリーの元に、アメリカが軍事攻撃を仕掛けてくるのではないか、と中国政府が身構えているという情報が入ってきた。トランプが国内の混乱に乗じて攻撃を仕掛けてくるのなら、中国が先制攻撃でこれを抑え込むべきだ、と考えていることを、非公式のルートで知った。中国は、トランプが中国を攻撃することで、自分を救世主として位置付け、大統領選挙の再選に役立てようとするのではないか、と疑っていた。

連邦議事堂襲撃の2日後の8日、マーク・ミリーは秘密裏に、中国人民解放軍トップで、連合参謀部参謀長の李作成に電話し、こう説明した。

「たしかに事態は混沌としてみえるかもしれません。しかし、それは民主主義の性質でもあり、私達は100%安定しています。すべてうまくいっていますが、民主主義というのは時として、規律なく見えることもあるのです」

2人にはこれまで5年間にわたり、軍事にわたる実務的な交渉を重ねてきたという下地があった。マーク・ミリーは1時間半にわたり、中国の交渉相手をなだめた。

アメリカが攻撃を仕掛けるという中国の考え方には全く根拠がないと考えたが、マーク・ミリーは、

「アメリカが予告なしに先制攻撃を仕掛けることはなく、万が一、アメリカが中国を攻撃する場合でも、前もってお伝えします」と伝えると、

「分かりました。あなたを信じます」と、李作成が答えている。

議事堂襲撃をみて、アメリカが制御不能に陥っているのではないか、と考え、その軍事行動を警戒したのは中国以外にも、ロシアやイランがあった。加えて、世界の半分がアメリカの動きに神経を尖らせていた。

同じ頃、マーク・ミリーは、民主党の下院議長であるナンシー・ペロシから、大統領が引き起こすかもしれない核攻撃について、どのような対策を講じているのか、と追及されている。

アメリカ大統領は常に、核兵器のボタンを運ぶ軍人を同行している。ナンシー・ペロシは、トランプが核のボタンに手をかけ、核戦争を引き起こす危険はないのか、とマーク・ミリーを激しく問いただした。ナンシー・ペロシは、連邦議事堂襲撃をトランプが率いた

クーデターと見なしており、トランプならば核戦争だって引き起こしかねないと憂慮していた。

マーク・ミリーは、ここでもペロシを必死に説得する。

「私は、大統領が核のボタンを押すことをとめる直接の権限を持っていませんが、悪いことを防ぐ方法はあります」

「大統領だけが核兵器使用の命令を出すことができますが、大統領1人で決定を下すわけではありません。命令するのは大統領ですが、実行するには何人もが関わってきます」

（"Peril"）

連邦議事堂襲撃というアメリカ民主主義への攻撃は、トランプが大統領であると同時に、アメリカの全軍の最高司令官であるという危険性を炙《あぶ》り出すことになった。

弾劾訴追

襲撃後、連邦議会の民主党議員は、2つの手段を用いて、在任期間が2週間を切ったトランプを追い詰めようとした。

1つは憲法修正25条（大統領の職務遂行不能）を用いて、トランプを大統領職から強制的に追い落とそうとした。この条項は、副大統領が、現職大統領が職務を遂行するのが不可能だ、と判断した場合、副大統領の発動に閣僚の過半数が同意すれば、即刻、大統領は職務停止となり、副大統領が大統領の仕事を代行する、というもの。

25条の行方が気になったトランプは11日、ペンスと会った。連邦議事堂襲撃事件以来、2人が言葉を交わすのは初めてのこと。90分語り合った2人の会話は「心温まる」もの、とだけしか伝わっていない。

ペンスは25条の発動に終始消極的だった。それは、トランプのためではない。もし民主党の誘いに乗って、トランプを大統領職から引きずり下ろし、自分自身が大統領に就くことになれば、それが、どれほどペンスの支持率を下げるかを知っていたからだ。共和党候補者として24年の大統領選挙へ出馬する野心を抱いているペンスにとって、ここで民主党と手を組むのは得策ではないと判断した。

民主党が仕掛けたもう1つの策は、弾劾訴追だった。

下院は13日、トランプが先の暴動を扇動したとして、トランプの罷免《ひめん》を求める弾劾訴追決議案を可決した。トランプは19年、軍事支援を取引材料に、ジョー・バイデンに関する情報を得ようとしたとされる〝ウクライナ疑惑〟でも弾劾訴追が下院で可決されており、アメリカ史上初となる、2度の弾劾を受けた大統領となった。

下院の弾劾決議では、共和党から10人が造反して賛成に回った。そこには、ブッシュ政権の副大統領だったディック・チェイニーの娘であり、下院共和党ナンバー3の座にあったリズ・チェイニーも含まれていた。

リズ・チェイニーは、

「現職の大統領がこれほどの裏切りに手を染めたことは、かつてなかった。トランプ大統領が暴徒を招集し、また組織し、攻撃の火をつけた。よって、私は弾劾に賛成票を投じる」

とトランプを厳しく非難した。

2月中旬に開かれた上院での弾劾裁判では、100人いる上院議員の3分の2以上が賛成に回れば、トランプは有罪となる。有罪となれば、トランプが今後、大統領職を含む、公職に就くことができなくなる。

当初は、トランプを心底嫌った上院共和党のトップであるミッチ・マコネルが、トランプに有罪票を投じ、それに従う上院議員が大量に出るのかどうかが注目された。しかし、ミッチ・マコネルは、今後も残るトランプの影響力に恐れをなし、無罪票を投じた。

共和党議員でトランプに有罪と投じたのは7人に過ぎず、結局57対43票で、トランプは有罪となるのを免れた。

大統領就任式

連邦議事堂襲撃を取材した私はいったん、ランシングのアパートに戻り、アメリカの生活一切を引き払い、この取材の終着点となるアメリカ大統領の就任式を取材するため、ワシントンDCに戻ってきた。

就任式3日前のこと。

就任式で新大統領の宣誓や演説が行われる、連邦議会議事堂の近くにあるホテルを予約した。

DCに着いて驚いたのは、その物々しい警備だった。

連邦議事堂の襲撃からわずか10日の間に、アメリカの首都が難攻不落の要塞のようになっていた。例年なら、就任式を見に来る何万人もの観光客で賑わうのだが、その観光客の姿もほとんど見当たらない。大統領就任の祝賀ムードとは対極の冷え冷えとした空気が流れていた。

戒厳令下のような雰囲気だ。

主要道路は封鎖され、連邦議事堂からリンカーン記念堂まで3キロあるナショナル・モールも全面封鎖。高さ3メートルほどの鉄柵で阻まれ、道路には一般の車が通行できないように軍の車両や、ブロックが置かれた。

いくつもの検問所が設けられ、厳しいチェックが行われていた。就任式が開かれるのは、連邦議事堂の西側。そこが見えそうな場所は、いずれも立ち入り禁止となっていた。

全米からワシントンDCに集められたのは警官や州兵、FBIの捜査官など。州兵だけでも2万人以上が集められていた。警官などを含めると、4万～5万人にも上るのか。

彼らは隊列を組んで首都を歩き、移動のため大型バスに乗り降りする。加えて、ホテルのロビーやカフェなども軍人や警官であふれていた。

DCの市長が、就任式までの1週間、首都を事実上封鎖するので、就任式にも来ないようにしてほしいという声明を出している。

DCに駐在する日本の新聞社の特派員はこう語った。

「13日から柵を立てる工事が始まりました。州兵も同時に派遣されてきました。徒歩以外で、議事堂やホワイトハウスの周辺を行き来するのはほぼ不可能になりました。例年のように就任式を取材するのは無理でしょう」

1月6日にデモを取材した時とは明らかに違う空気が、首都を包んでいた。5人の死者を出すという、米国史の汚点として記憶される日を境に、厳戒態勢がとられるようになった。晴れの就任式が、暴徒によって再び襲われることがあってはならないという強い危機感が漂う。

「バイデンは翌日には辞任する」

多くの店舗は、暴徒を恐れて、全面に板を打ち付けて店舗を死守しようとしていた。

6日のデモの時にはDC中を埋め尽くした「トランプ」の帽子や旗、それに「アメリカを再び偉大に！」という文字が入ったトレーナーなどは、見かけなかった。

軍隊や警官以外で、首都で見かけるのは、世界各国から集まったジャーナリストか、行き場をなくした地元のホームレスだった。ホワイトハウスの近くにある教会の入り口では、ホームレスの男性が大声で何かを叫んでいた。その裏の通りでは、通行者の厳しい検問が行われていた。

ようやくトランプ信者を見つけたのは、到着した翌日の午後のこと。

長い角笛を持った身長2メートルを超すデービッド・ウッド（56）だった。元プロバスケットボールの選手で、今は引退の身だという。NBAのサイトを見ると、80年代から90年代まで現役選手だったことが分かる。

話していると、元プロスポーツ選手というより、隠遁者のような不思議な雰囲気を身にまとっていた。

現在はネバダ州に住んでおり、1月6日もDCに来たという。

「6日は議事堂内には入っていないけれど、議事堂周辺で、トランプ大統領のために祈っていた。不正選挙の結果が覆されて、トランプ大統領が2期目を務められますように、とね。不正選挙の証拠？　1000人以上の人が公聴会などで不正を目撃したと証言している。それ以外にもジョージア州で、投票所の作業員がスーツケースに投票用紙を隠す映像がある」

すでに否定された陰謀論なので事実確認《ファクトチェック》は省くが、トランプ自身とその信者が唱える不正選挙に、まともな根拠はない。

しかし同時に、トランプ信者一人ひとりが、それぞれの理由から陰謀論を信じていることもまた動かしがたい事実なのだ。

――あなたはどのようなスタンスで、この選挙をとらえているのですか。

「私は、親キリスト主義だね。この角笛は、旧約聖書の『ヨシュア記』に出てくるエリコの戦いで使った角笛をかたどっているんだ。イスラエル軍が雄羊の角笛を吹き鳴らすと、エリコの町の城壁が崩れ落ちたように、この笛を吹くことで、不正選挙という城の城壁が崩れ落ちることを祈っているんだ」

――トランプの腹心といわれたビル・バーも、マイク・ペンスも、不正選挙の証拠はない、と断定しました。

「彼らは、気持ちの弱い羊だったのか、あるいは〝闇の政府《ディープステイト》〟の一員だったんだろうな」

――大統領就任式では何が起こると思いますか。

「一応、ジョー・バイデンが大統領に就任するだろう。けれど、翌21日には、バイデンは辞任するとみている」

――えっ、なんですって？

「バイデンは、21日に大統領を辞任するのさ。そしてトランプが大統領に就任するんだ」

――本当に、そう思っているんですか？

「もちろん」

――21日以降に、あなたに連絡し、その後の進展について、尋ねることはできますか。

私は、彼の電話番号とメールアドレスをメモ帳に書き留めた。

陰謀論の迷宮

一目でトランプ信者だと分かったのは、ジェームズ・シャンク(53)。アメリカの国旗をデザインしたトレーナーを身にまとい、赤い帽子には「アメリカを再び偉大に！」の刺繍があった。手には、「不正選挙を止めろ」と書かれたプラカードも持っていた。

「どうしてDCに来たかだって？　トランプから選挙を盗み取ったバイデンがどんな顔をしているのか一目見ようと思ってさ。まぁ、この警備では無理だろうけどな。1月6日？　あぁ、もちろんDCに来たさ。デモに参加した90％以上のトランプ支持者は、平和裏に議事堂まで行進していただけだ。議事堂への侵入は、警官による罠だったんだ。それに、暴動は、極左グループの《アンティファ》のメンバーが、トランプ支持者を装って引き起こしたんだ」

警官の罠説も、アンティファ関与説も、事実確認《ファクトチェック》で否定されている。

インディアナ州から来たというシャンクは、「広報関係の職に就いているんだ……」と言葉を濁す。

人材系のSNSであるリンクトインでみると、大学卒業後、NBCのレポーターを皮切りとしてマスコミ関連の仕事をし、直近の仕事としては、インディアナ州内にある有名私大のパデュー大学で、広報を担当していることが分かる。

トランプにまつわる陰謀論の闇の深さはこうした点にある。情報リテラシーの高いはずの職歴を持った人物でさえ、迷宮にはまり込んでしまうと、容易にその泥沼から脱出することが難しい。

シャンクに訊いてみた。

――不正選挙があったというのは、ジョージア州やペンシルベニア州のことですよね。それならあなたの地元のインディアナ州の選挙で不正は行われたのですか。

「……いや、インディアナではなかったな……」

――それは、インディアナではトランプが勝ったからじゃないですか。

「……!? お前は、オレをはめようというのか!?」と語気を強めた。

――いやいや、はめるとかじゃなくって、不正選挙としてトランプ側が問題視するのはトランプが負けた接戦州に限られるのが不自然だ、という点を指摘しているだけですよ。

30分近く話し込んでいたら、いつの間にか、われわれの隣に、黒塗りでバン型の警察車両が横付けして私たちの様子をうかがっていた。場所は、ホワイトハウスから3ブロック離れたところ。やましいところは1つもないが、薄気味悪いのはたしかだ。

私はシャンクに礼を言って別れた。

ホワイトハウスと隣接してラファイエット広場があり、それをもう1本通りを北に行くとブラック・ライブズ・マター広場がある。

その広場で話を聞いたのは、ニューヨーク市ブルックリンから前年10月にやってきて、ホワイトハウス近くで、トランプ政権に抗議するためテントで寝泊まりしているという黒人男性のスモーキー・シムズ(30)だった。

「選挙ではバイデンに投票したよ。バイデンが90年代に犯罪法を厳格化したことで、多くの黒人が刑務所に入ることになった。その点はマイナス要因。けれど、バイデンはその当時の判断を間違っていたと認めている。バイデンに投票したというより、黒人で初の副大統領候補になったカマラ・ハリスに投票したつもりだけれどね」

――トランプはどう評価しますか。

「最低の大統領だよ。人種差別主義者であるヤツの発言が、人種差別をさらに助長してしまった。憎しみがこの国を分断し、1月6日には死者まで出たじゃないか。就任式の日に、トランプがホワイトハウスから去るのを見届けたら、このテント生活も終わりにしてブルックリンに戻るよ」

彼を取材した後、フルフェイスのヘルメットをかぶり、電動のスケートボードに乗った男性が「バイデン大統領　２０２０」という旗を掲げ、公園内を３、４周回った。私は、慌ててカメラのシャッターを切った。

最後の〝仕事〟

連邦議事堂襲撃事件以降、トランプが外部に発信することはめっきり少なくなった。ツイッターのアカウントが永久凍結されたこともあるが、それ以上に、トランプは最後に残った〝仕事〟に没頭していたからだ。

トランプは、だれに恩赦や減刑措置を与えるべきかに知恵を絞っていた。

恩赦や減刑措置とは、元来、法律の施行が厳格であるだけでなく、人の過ちを許す柔軟性もあることを示して、更生の励みとなることを狙っている。非情なはずの法律の中にも、一片の温情があると示すことで、受刑者たちの立ち直る意欲を高める狙いがある。そして、もし、法律の執行に誤りがあれば、過去にさかのぼって、その誤りを正す機会ともなる。

たとえば、トランプが大統領職を去った後、バージニア州知事が、１９５０年代に同州内で、白人女性を強姦した罪で死刑に処された黒人男性７人に恩赦を与えた。州知事室は

「7人が十分に適正な手続きを経ずに裁かれ、人種的に偏った死刑判決を受けたことを州が認めるものだ」と説明している。恩赦の知らせを受け、涙を流す元死刑囚の遺族の写真が日本の新聞にも掲載された。

しかし、トランプの頭にあったのは、だれに恩赦を与えると自分が得をするのか、という算盤《そろばん》勘定だった。

トランプは大統領選での敗北後、最側近の1人であるマイケル・フリンに恩赦を与えて以来、140人を超す人たちに恩赦を与えてきた。

マイケル・フリンは、16年の大統領選挙でトランプ陣営に参加。大統領補佐官に起用されたが、政権発足前に駐米のロシア大使と接触し、アメリカの対ロシア制裁に関して協議した。マイケル・フリンはこの協議をめぐりFBIに偽証したとして起訴された。当初は有罪を認め、捜査に協力する司法取引に応じたが、後に無罪を訴えた、といういわく付きの人物。トランプがマイケル・フリンに恩赦を与えたのは、ロシア疑惑での追及がトランプ自身に及ぶのをかわそうとの思惑があった。

トランプは元首席戦略官のスティーブ・バノンにも恩赦を与えた。

スティーブ・バノンとは、トランプ当選後、メキシコの壁やイスラム教徒の入国禁止などの初期のトランプ政権の政策立案の立役者だった。だが、メディアがスティーブ・バノンを「陰の大統領」などと持ち上げ始めると、その人気に嫉妬したトランプによって馘首《かくしゅ》された。

バノンはその後、メキシコとの国境に壁を私的に建設するための資金を集める計画に参加し、トランプ支持者からカネをだまし取ったとして詐欺容疑で起訴されていた。一度はバノンを突き放したトランプだったが、大統領選挙敗北後、2人は再度距離を縮めた。バノンは、自らがホストを務めるポッドキャストの放送を使い、1月6日の連邦議事堂襲撃を後押ししている。

襲撃前日の放送で、バノンは、「明日は大混乱になる」と語り、「多くの人たちが『もし革命が起きるなら、私はワシントンにいたい』と言ったことがあるだろう。歴史上、いまがそのときだ。明日、まさに攻撃の時を迎える。波乱を覚悟しろ。明日は決戦の日だ！」と煽っている。

そのバノンに恩赦を与えることで再度自陣に囲い込む。大統領選で負けたトランプの周りからは、まともな人材がいなくなったので、もう一度、バノンと組むのも悪くない、とトランプは考えた。ウォール・ストリート・ジャーナル紙は、バノンへの恩赦を「最悪」の恩赦だと酷評している。

建国の父の1人であるアレクサンダー・ハミルトンは、大統領恩赦の特権の持つ影響力は非常に大きいので、その行使には「当然慎重さと注意深さ」が必要になると説いた。これまでのアメリカ史では、この恩赦が自己防衛や政治的利益のために使われたことは一度もなく、歴代大統領は多大な自制心をもってこの権限を行使してきた。

しかし、トランプはこうした規範を無分別に破った最初の大統領となった（『民主主義の死に方』）。

自分自身に恩赦か

恩赦をめぐり、トランプが最も頭を悩ませたのが、自分自身や家族もその対象とするのか否かということだ。

これまで4年間、現職大統領は訴追しないという不文律のもと、トランプは刑事または民事を問わず、訴訟や捜査から守られてきた。

しかし、大統領の任期が終わると、その不文律がなくなる。

トランプは〝疑惑の百貨店〟といわれるほど、数々の疑惑を抱え込んでいる。

トランプが経営する《トランプ・オーガナイゼーション》は、ニューヨーク連邦地検から、目を付けられてきた。当局が狙う最大の容疑は、トランプ側が、16年の大統領選挙直前に、以前に、性的な関係のあったポルノ女優に13万ドルの口止め料を払った件。お金の出所が選挙資金や会社の資金だったのではないか、という疑いがもたれていた。

それ以外にも、長年にわたる巨額の脱税疑惑や、大統領という立場を利用して所有するホテルやゴルフ場などへの利益誘導、外国金融機関や外国政府関係者に対して多額の負債を抱えることによる利益相反などの疑惑がある。

加えて、連邦議事堂襲撃の日、1月6日、演壇に上がって暴徒をけしかけたトランプの顧問弁護士のルディ・ジュリアーニ、それにトランプの息子が、連邦捜査局《FBI》の捜査の対象となる可能性が出てきた。

捜査の圧力について、トランプは、

「ヤツらは、俺の家族をめちゃくちゃにしようとしているんだ」

と周りに語っている。

そうした将来の捜査から身を守る予防線を張るために自分自身と家族に恩赦を出そう、とトランプは真剣に考えた。18年のツイッターの投稿では、大統領には自分を恩赦できる「絶対的な権限」があると記していた。

アメリカ史上、大統領が自分自身に恩赦を与えたことはない。だれも自分で自分の案件を裁くことはできない、という司法の基本原則に反するからだ。

トランプの自己恩赦に一番似通った例は、《ウォーターゲート事件》に問われ、辞任したリチャード・ニクソン副大統領から大統領に昇格したジェラルド・フォードが、ニクソンに「完全で無条件の恩赦」を与えたことだ。この恩赦により、ニクソンは「大統領としてアメリカに対し犯した可能性のあるいかなる罪」からも免責されることになった。しかし、フォードはこの恩赦に対する世間の反発が尾を引いたこともあり、次の大統領選挙で、無名のジミー・カーターに敗れることになる。

トランプは一番仲のよい上院議員のリンジー・グラハムに、自分自身への恩赦について

相談したが、

リンジー・グラハムは、「自己恩赦はまずいでしょう。大統領という職務にとっても、あなたにとっても、いい考えではありません」と答えている（"Peril"）。

反対したのはリンジー・グラハムだけではなかった。

ホワイトハウス専属の弁護士が、トランプの自己恩赦は司法妨害になりかねないとの強い懸念を示した。加えて、もしトランプが自己恩赦を強行すれば、ホワイトハウス専属の弁護士の多くが辞任した上で記者会見を開く、と脅した。

自らの弁護士たちに記者会見を開かれては目も当てられない、と考えたトランプは、仕方なく自己恩赦を諦めた（"I Alone Can Fix It"）。

新大統領の演説

就任式の1月20日、この日の正午をもって、新しい大統領が就任し、同時に、現職の大統領がホワイトハウスを去る。

1月20日のDCの天気は快晴。正午の気温は４℃。

トランプはこの日の午前8時頃、大統領専用ヘリコプター《マリーンワン》に乗り込んで、ホワイトハウスを飛び立ち、DC近郊のアンドルーズ空軍基地に移動して、支持者ら200人余りが参加した退任式を開いた。

1月6日を境にトランプの勢いは失墜した。支持率は過去最低の20%台にまで落ち込んだ。

トランプは退任式で、減税や規制緩和など「多くのことをなし遂げた」と自画自賛。「近いうちに会おう」と締め括った。トランプは、大統領専用機《エアフォースワン》に乗り換え、フロリダの別荘へと向かった。

退任する大統領が新大統領の就任式を欠席するのは、152年ぶりのこと。

トランプは就任式に欠席する理由をこう語っている。

「なんで俺がそんなところに行く必要があるんだ？　ヤツらは、テレビに映った俺を攻撃したいだけだろう。ヤツらは、トランプがいなくなり、バイデンを大統領に迎えるのが嬉しくてたまらないんだろう？」（"Landslide"）

新旧大統領が交代した正午過ぎ、黒のスーツにブルーのネクタイを締めたバイデンが、議事堂西側に作られたステージに立ち、第46代の大統領に就任する宣誓を行った。

バイデンは、右手を挙げ、左手をバイデン家に伝わる分厚い聖書の上に置き、儀式を司る最高裁長官の言葉を繰り返してこう言った。

「私、ジョセフ・ロビネット・バイデン・ジュニアは、合衆国大統領の職務を忠実に遂行し、全力を尽くして合衆国憲法を維持し、保護し、擁護することを厳粛に誓う」

大統領であろうとも公僕の1人に過ぎず、合衆国憲法にのっとって4年間の大統領職を務める誓いを国民の前で立てる儀式だ。

通常の就任式なら、連邦議事堂からリンカーン記念堂まで、何十万人もの人が祝賀のために集まる。だが、新型コロナの対策と、1月6日以後に戒厳令を敷かれたような首都には、ほんの数百人の招待客だけが参加し、参加できない人びとの代わりに20万本の星条旗などの旗が飾られた。

バイデンは20分超の演説を、緊迫感を含みながらも、こう明るく切り出した。

「今日はアメリカの日です。民主主義の日なのです。歴史と希望、再生と決意の日でもあります。長年にわたってアメリカは、新たな試練を受け、苦難に立ち向かってきました。

私たちが今日、祝うのは選挙候補者の勝利ではなく、大義、すなわち民主主義の大義です。国民の意思が聞き入れられ、考慮されたのです。民主主義がかけがえのないものであることを、私たちは新たに学びました。民主主義とは、時にもろいものです。そしてみなさん、民主主義は今この時をもって、勝利したのです」

トランプと〝トランプ信者〟によって揺さぶられた民主主義の威信の回復については、こう語った。

「政治が、行く手のすべてを焼き尽くすような、たけり狂う炎である必要はありません。一つひとつの意見の違いのせいで全面戦争を闘う必要はないのです。事実をねじ曲げたり、でっち上げたりするような文化を、私たちは拒まなくてはいけません」

バイデンが最も伝えたかったのは、分極《ぶんきょく》が進んだアメリカ社会をまとめる大統領になるという約束。

「選挙で私たちを支持してくれた人たち全員の信頼を謙虚に受け止めています。そして支持してくれなかった人たちにも言いたい。私たちが前進していく間、私たちの声に耳を傾けてほしい、と。私と私の心を見極めてほしい。それでも意見が合わないなら、それはしかたがない。それが民主主義です。それがアメリカという国です。共和国の枠内で平和的に反対する権利は、この国の最大の強みでしょう。しかし、それでもはっきり言いたい。意見の不一致を分断につなげてはいけない。そして私は誓います。私はすべてのアメリカ国民の大統領になる。私を支持してくれなかった人たちに対しても、支持してくれた人たちに対するのと同じだけの努力を惜しみません」

これらの言葉はバイデンが、民主党の予備選挙から一貫して訴えてきたことであり、バイデンの信念がこもっていた。演説の中に、元大統領のバラク・オバマや、予備選を最後まで争ったバーニー・サンダースから借りてきたような言葉は1つも見当たらなかった。上院議員を6期務め、副大統領を2期務めて、最高齢の78歳で大統領の座に就いた政治家の真摯《しんし》な言葉だった。

バイデンは就任初日、17件の大統領令に署名した。

■トランプ政権が進めていた《世界保健機関《WHO》》脱退の手続きを停止
■連邦政府が所有する施設や公共交通機関でのマスクの着用義務化
■地球温暖化対策の国際的な枠組みである《パリ協定》への復帰

■イスラム諸国からの入国禁止措置の撤廃
■メキシコ国境の壁建設資金の停止
——など。

つまり、これまでトランプが4年間で行ってきた政策をひっくり返すことで、早急に〝脱トランプ〟を印象付けようとした。

しかし、長年上院議員を務めてきたバイデンは、国を動かすには大統領令だけでは不十分だということも知っていた。議会と交渉を重ね、法案を通すことこそが政治の王道だ、と。

最大の課題は、新型コロナによって傷んだ雇用や産業をどう復活させるのか。どうやって迅速なワクチンの配布を実行に移すのか。

バイデンは就任直前に、1・9兆ドル規模の新たな新型コロナ対策案を打ち出すと発表していた。実際、この法案は3月、上院で可決されている。さらに5月、議会に示した予算教書では、新しい社会福祉制度の発足や、気候変動対策への大規模投資、雇用拡大案や無償教育の年数拡大を含む事業など、6兆ドルの予算措置を求めた。

こうしたバイデンの視線の先にあったのは、積極財政による〝ニューディール政策〟を用い、1930年代の世界大恐慌で疲弊したアメリカ経済を復活させたフランクリン・D・ルーズベルトの姿だった。新自由主義者が唱える、金持ちを優遇することで、上からその利益がおこぼれとなり落ちてくるという〝トリクルダウン〟方式に見切りをつけ、中間層や低所得層への支援を手厚くすることで、ボトムアップ式の経済の再建を図る。

唯一のデモ

ちょうど、バイデンが就任演説をしているころ、私は、議事堂から徒歩数分ほど離れたアムトラックのユニオン駅前にある公園で、この日、唯一実施していたデモを取材していた。

中絶反対を掲げる南部のキリスト教右派で白人男性中心の団体。総勢10人ほどが、

「中絶は殺人」

「悔い改めよ、さもなくば消え去れ」

「同性間の性行為反対、イスラム教反対」

「どうしてお前が地獄に行かなければならないのかを教えてやろう」

――といった過激なメッセージが書かれたプラカードを掲げていた。

彼らの前には、同じぐらいの数のデモに反対する人たちが対峙している。

キリスト教右派のデモと大統領の就任式に、どのような関係があるというのか。

トランプは、中絶反対を最も鮮明に打ち出した大統領だった。ちょうど1年前トランプは現職の大統領として初めて、中絶反対団体《命のための行進》に参加して、演説をした。中絶反対派の票を固めるためだった。

私はここで、以前の取材で知り合った在米のカメラマンと半年ぶりに顔を合わせた。彼は私にこう教えてくれた。

「ヤツらは、ガチガチのトランプ支持者たちで、南部でトランプが集会を開くと、必ず現れる連中です。僕は見飽きているので、写真を撮る気にもならないですね」

トランプの再選という夢が破れた鉄板支持者が、その主張を中絶反対と衣替えし、怪気炎を上げる。

彼らが掲げる不寛容なプラカードに刺激された黒人女性が、その人種差別的な側面を指摘すると、その女性と、グループのリーダー格の男性との間に罵り合いが始まった。

「黒人の命も大事だって。笑わせんなよ。お前ら黒人の女たちの中絶の比率はアメリカで一番高いじゃないか。お前たちは人殺しだ。『黒人の命も大事』なんて言う資格はない」

と男性がトラメガを片手にがなり立てる。

女性が言い返す。

「女性にはそれぞれの生き方を選ぶ権利があるわ。それに黒人女性は、社会経済学的にも一番虐《しいた》げられてきた歴史があることを知っているの？」

議論というより、口論。口喧嘩。その言い合いの根っこには、お互いへの不信感だけがあり、不毛な世界が広がる。

中絶反対派の一員であるジョージア州から来たJ・K(55)は、こう言った。

「オレ達は福音派の一派で、中絶反対はその大事な主張の1つだ。えぇ？　オレが大統領選で誰に投票したかって？　それは話しても無駄なんだ。オレが投票した票は盗まれたんだからな」

――ジョージア州で盗まれた票ということは、トランプへの投票を意味します。盗まれた票とは、不正選挙があったということですよね。

「まぁ、そういうことになるかな……。ビル・バーが不正選挙の証拠がないって言っただって？　ヤツは、裏切り者だ！　目の前にある証拠を調べようともしなかった。ヤツが天国に行くことは絶対にないな」

――どうしてトランプの再選を支援するデモを開かないのですか。

「いやぁ、今、ここでトランプ支援のデモは、さすがにまずいだろう……」

奥歯に物が挟まったような話しぶりである。

どうして彼らは、盗まれた選挙に抗議するデモをしないのか。

袋の中のネズミ

それはＤＣがこの日、あまりにも堅牢に警備されていたからだ。

Ｑアノンやプラウド・ボーイズは、この期《ご》に及んでも、トランプの再選を諦めてはいなかった。しかし、すでに仲間内から数多くの逮捕者を出し、厳しい警備が敷かれた首都には、足を踏み入れたくても、踏み入れることができなかった。

数万人に上る州兵や警官が首都を固めるだけでなく、アメリカ国内で最大のインテリジェンスの総本山であるFBI本部があるワシントンDCに、のこのこと入って来ては、〝袋の中のネズミ〟となりかねない。

事実、この日、DCでトランプ支援や不正選挙に関するデモは1件も行われなかった。DCだけではない。ミシガン州ランシングやウィスコンシン州マディソン、ペンシルベニア州ハリスバーグ、ジョージア州アトランタなど、各州の州都でも、大規模なデモは行われていない。各地に配置された警官や州兵が、大きな抑止力となったからだ。

本来なら、この集団も、トランプ再選をぶち上げたいところだろうが、それを中絶反対という煙幕を張ってごまかしながら、どうにかしてバイデンの就任に水を差したい、という気持ちがあるのだろう。

福音派のリーダーと言い合いをしていた黒人女性は、ジョージア州から来たサラナ・リード（39）。トラックのドライバーだという。

「私自身もキリスト教徒よ。宗派は南部バプテスト派。けれどこの人たちが唱えているのは、聖書の教えなんかじゃないわ。白人至上主義者の教義なのよ。キリスト教徒の本質って、他人に優しくすることや、苦しいときに分け与えることでしょう。私が誰に投票したかですって？　バイデンよ。今日は、バイデンの大統領就任をお祝いするために、アムトラックに乗ってきたの」

アメリカで、このような場面に出くわす時、私はいつもこう考えずにはおられない。キリスト教の最も大事な教義は２つある。１つは、神の御子であるキリストを救い主として信じよ。もう１つは、あなたの隣人をあなた自身のように愛せよ。福音書の中で、キリストはこのことを２度、語っている。

キリスト教右派グループが、１つ目のキリストを救い主として信じていることは間違いない。しかし、隣人愛は持ち合わせない。

その彼らの不寛容な態度は、キリストがその批判の対象として語った、律法書の教えを盾にとって庶民を苦しめていた当時の律法学者を、私には思い起こさせる。

終日ＤＣを動き回った後、ホテルに戻ってテレビをつけると、トム・ハンクスが司会をする就任式後の祝賀コンサートがリンカーン記念堂で行われていた。

最初にブルース・スプリングスティーンが、ギター一本で『ランド・オブ・ホープ・アンド・ドリームズ』を歌った。私の胸に一番沁《し》みたのは、ジョン・ボン・ジョヴィがフロリダ州マイアミで朝日が昇るのを背景に歌った、ザ・ビートルズの名曲『ヒア・カムズ・ザ・サン』だった。

信者との再会

就任式の翌日21日、議事堂やホワイトハウス周辺の柵はまだ残っていたが、多くの柵は取り外されていた。前夜、テレビに映っていたリンカーン記念堂まで行けそうだ。リンカーン記念堂は、デモや集会が開かれる場所だ。

そこまで行けば、もしかしたら、トランプ信者に出会えるかもしれない。

私は毛糸の帽子を被り、リンカーン記念堂に向かった。

しかし、そう考えたのは私1人ではなかった。

記念堂には多くの軍人が自動小銃を構えて立っており、トランプ信者が近づく隙もなかった。

やっぱりだめか、と思っていると、見覚えのある長身の男性が、角笛を手に、祈るように跪《ひざまず》いている。

元プロバスケットボール選手のデービッド・ウッドである。

私が、この前は話を聞かせてくれてありがとう、と言うと、一拍の間があって、あぁ君か、という表情が返ってきた。

――あなたは先日、今日、つまり就任式の翌日の21日、バイデンが辞任すると言いましたが、その兆候はないようですね。

「そうだね。私も本当にびっくりしているんだ。けれど、それはすべて神の計らいなんだ。神がどこまで深く、物事の真相を見きわめようとしているのかは、だれにも分からない。私は、トランプが3月4日に大統領になる、という情報をつかんでいるんだがね」

3月4日就任説、初代大統領のジョージ・ワシントンからフランクリン・D・ルーズベルトまで、大統領の就任式が3月4日に行われていたことから湧き起こってきた新たな陰謀論である。陰謀論というより、ここまで来ると単なる願望、いや妄想か。

私がそう思っていると、極東から来た無信心なジャーナリストを憐れんでか、ウッドはこう話し始めた。

「君は、自分の髪の毛の数が何本あるのか知っているかい？　神は君の髪の毛の本数まで正確に知っているんだ。それくらい、神は君のことを深く愛しているんだよ。分かるかい。じゃあ、ここで一緒にお祈りをしよう」

そう言うウッドに敬意を表して、私は被っていた毛糸の帽子を脱ぎ、彼の言葉を復唱した。

「神よ、私の罪を許したまえ。神の子イエスは、われわれの罪を背負って亡くなった。私は、あなたを、あなただけを信じます。アーメン」

人生で初めて唱えたキリスト教の祈りの言葉であった。不思議なことに、祈りの言葉を口にすると、神が私を見ているような、見守ってくれているような、安堵感が胸の中に広がった。

リンカーン記念堂前で祈りを捧げる元プロバスケットボール選手のデービッド・ウッド

エピローグ

民主主義の守り方

トランプとトランプ信者を乗せた〝トランプ列車《トレイン》〟は、連邦議事堂を襲撃して多数の死傷者を出したことで、脱線事故を起こし、再起不能かと思われた。

「不正選挙！」という叫び声もむなしく、1期だけで大統領職を終えたトランプは、ジョー・バイデンが大統領に就任した日、フロリダの別荘に飛び去った。

トランプの政治生命はここで尽き果てた、と私には思えた。

私は、ジョー・バイデンが無事に第46代大統領に就任するのを見届けて、日本に帰ってきた。

トランプは生きていた

日本に帰ると動画配信サービスのHulu《フールー》の会員となり、CNNを横目で見ながらこの本の原稿を書いていた。

すると、政治生命が尽きたと思っていたトランプが、まだ生きていることが分かってきた。

選挙から半年がたっても、共和党支持者の7割近くが、依然として大統領選挙では不正があったと信じている。実数にすると、4700万人の成人が不正選挙を信じており、その一方で、バイデンを正当に選ばれた大統領とは認めていない。この数は有権者全体の3割以上を占める。

大統領選挙では、7400万人を超す人がトランプに投票したのだから、その3分の2近くがトランプ支持にとどまったということになる。何が起ころうともトランプに忠誠を尽くす鉄板支持者の実数である。

鉄板支持者は、連邦議事堂襲撃とトランプを支持し続けることとの間に、どうやって折り合いをつけているのか。

彼らは、連邦議事堂襲撃は「大部分が非暴力的であり」、もし暴力行為があったのなら、それは左翼の活動家が、トランプを悪者に仕立てるためにやったのだ、と信じている。

この鉄板支持者は、バイデン大統領の政権運営の足枷《あしかせ》となった。

バイデン政権の喫緊の課題の1つに、新型コロナを迅速に抑え込むことがあった。日本より2カ月早く始まった新型コロナのワクチン接種において、アメリカは当初、順調に接種率を積み上げていった。しかしその後、接種率は伸び悩み、9月中旬、後発の日本に追い抜かれた。

新型コロナでは、接種率が高くなればなるほど集団免疫に近づくだろうといわれており、日本の完全接種率はすでに7割を超え8割に手が届くところまでやってきた。しかし、アメリカの接種率は6割台から伸び悩んでいる。

アメリカでは、一定のトランプ支持者がワクチン接種を拒否していることが、足を引っ張っている。トランプへの投票者のほぼ3分の1がワクチンを接種しないつもりだというのだ。

これはトランプが大統領在任中に、マスクの着用さえ拒否し、新型コロナを軽視する態度をとり続けたことが大きく影響している。

〝ワクチン接種=弱虫〟

という歪んだ図式が、ワクチン接種のスピードを鈍らせる。さらにトランプ自身が選挙直前に、新型コロナに感染しながら回復したことで、新型コロナは恐れずに足りず、と発信したメッセージの残滓《ざんし》が、トランプ信者の中でいまだに生き残っており、ワクチンの接種率が上がらない。

デルタ株によって、アメリカ国内の感染率が高止まりする中、しびれを切らしたバイデン政権は21年冬、年明けから大企業を対象に、ワクチン接種を義務付ける、と発表した。しかし、ルイジアナ州の連邦巡回裁判所（高裁）はその直後、ワクチン接種の義務化の実施を差し止める暫定命令を出している。

バイデン政権の支持率は、発足当初57％と高い位置から出発したが、新型コロナ対策、アフガニスタンからの撤退の失敗、大型インフラ法案をめぐって民主党内での対立が表面化するなどして、秋には42％まで下がってきた。不支持率は、37％から55％まで上がってきた。

共和党議員への復讐

これに対し、共和党内で支持率を高めてきたのがトランプだった。

同党内で、トランプに主要な政治的役割を果たしてほしいと考える共和党員は、退任直後は57％だったのが、21年9月には67％にまで上昇している。保守層に限れば、この数字は75％に跳ね上がる。さらに、共和党の議員内でのトランプへの批判を許さないとする議員は63％に上る。

共和党内で盤石な支持を固めると、トランプは、連邦議事堂襲撃の弾劾裁判で、弾劾に回った共和党議員への復讐を始めた。

最初の標的になったのは、共和党下院のナンバー3の座にあったリズ・チェイニーだった。

リズ・チェイニーは下院の弾劾決議で、

「現職のアメリカ大統領がこれほどの裏切りに手を染めたことは、かつてなかった。トランプ大統領が暴徒を招集し、また組織し、攻撃の火をつけた」

と、トランプを指弾した。

そのチェイニーは5月、共和党下院議員の投票により、下院の共和党会議議長の座を解任された。それでもチェイニーは「前大統領を二度と大統領執務室に近づけないよう、できる限りのことはするつもりです」と述べている。

トランプは当日、声明文でチェイニーをこう罵った。

「リズ・チェイニーは、うらみがましく、ひどい人間だ。俺は昨日、ヤツのことをテレビで見ていたが、ヤツがどれほど共和党のためにならないかが、よく分かった。戦争を煽り立てるヤツの家族（父親の元副大統領ディック・チェイニーを指す）は、愚かにも俺達を果てしない中東での大惨事に巻き込み、アメリカの富と軍事資源を枯渇させるという、歴史上最悪の決断を下した」

恐怖のトランプ党

弾劾裁判で賛成票を投じた共和党下院議員のアンソニー・ゴンザレス（オハイオ州選出）は、36歳の若さながら、政界からの引退を表明した。

キューバ移民の子であるゴンザレスが、トランプ弾劾に回ったのは、祖国で独裁者フィデル・カストロが、軍事力と権力を長い間握って、社会が腐敗したことを祖父母や父母から聞かされて育ったためだった。

しかし、オハイオ州共和党からは、譴責《けんせき》処分を受けており、またトランプが、ゴンザレスの選挙区に元側近を刺客《しかく》として候補者に送り込むことにしていた。

トランプは、ゴンザレスが引退するというニュースを受け、こう扱《こ》き下ろした。

「選挙区のために働いてこなかった、名ばかり共和党員のアンソニー・ゴンザレスが、もともとほとんどない人気を、さらに減らして辞めることにした。原因は、ヤツが事情をよく知らなかったからなのか、愚かだったからなのか、現職大統領であった俺の弾劾に賛成票を投じたからだ」

その怒りの矛先は、不正選挙を覆す協力を拒んだ激戦州の州知事にも向けられた。

トランプは執拗にジョージア州の選挙結果をひっくり返せと迫ったが、それを拒絶した州知事のブライアン・ケンプが標的にされた。

トランプは18年の州知事選でブライアン・ケンプを支持しており、そのおかげで、ケンプは民主党候補を破って州知事になれた、と考えている。自分自身を〝キングメーカー〟だ、と考えているのだ。

トランプはジョージア州で開いた支援者集会で、18年に敗れた民主党候補だったステイシー・エイブラムスの方が、ブライアン・ケンプより州知事にふさわしい、と語った。

「ステイシー、ケンプの代わりに州知事を務めたいかい？　俺は、それでも一向にかまわない。本当のことを言えば、ケンプよりステイシーの方がいい知事になると思うよ。ケンプは、本当にひどいヤツだからな」

トランプに忠誠を尽くさなかった共和党議員への粛清はまだまだ続くのだが、ここで大事なことは、共和党内では、トランプを非難することも、連邦議事堂襲撃を批判することも、ご法度《はっと》になったということだ。

共和党が〝トランプ党〟になったというのは、トランプの大統領当選時から言われていたことではあったが、皮肉なことに、それがトランプが大統領を退いてから完成した格好となった。

2024年の大統領選

自分に恥をかかせた議員への復讐を果たすのと並行してトランプは、2024年の大統領選挙への立候補の足場を均《なら》し始めた。

トランプが自分自身で立候補について最初に語ったのは、21年春のトークショーに出演した時のこと。

トランプはこう語っている。

「時期尚早だけれど、俺がある決断を発表すると、みんなが大いに喜ぶことになるだろう」ともったいをつけた。

最側近の1人は、トランプの出馬についてこう語る。

「99～100％の確かさで、トランプは24年の大統領選挙に立候補するだろう」

トランプに最も近い下院議員は、こう語っている。

「トランプ氏は出馬すると思うし、出馬してほしい。彼はプレッシャーに耐えられることを証明済みだ」

実は、そのトランプ本人が、出馬を宣言したくて、うずうずしているのだ、とワシントン・ポスト紙は伝えている。

トランプは側近たちに、

「俺は出馬するぞ」

と何度も語っている（21年10月4日付）。

とくに、アフガニスタンからの円滑な撤退に失敗したバイデン政権の不支持率が支持率を上回るようになると、出馬宣言に前のめりになっていく様子が伝わってくる。しかし、中間選挙が終わるまで待つように、と側近たちがトランプの手綱を引いた。

実際、世論調査でトランプは、共和党内で対抗馬と目される前副大統領のマイク・ペンスや、上院議員のテッド・クルーズ、フロリダ州知事のロン・デサンティスなどの有力候補が足元にも及ばないほどの高い支持率をみせる。

トランプは24年の共和党の大統領予備選挙で、フロントランナーの位置にあるのだ。

ウソが政治生命を救った

トランプの政治生命は終わったと思った私は、何を読み違えていたのだろう。

それは、トランプのウソをめぐる理解だった。

トランプは在任期間に3万回を超えるウソをついたのが原因となり、大統領選挙で再選をものにすることはできなかった。

その意味で、トランプは自らのウソに対して大きな代償を払った。

しかし、トランプがつき続けたウソは、人びとの認識に揺らぎをもたらし、事実《ファクト》とウソ《フェイク》の間の境界線を曖昧にするのに役立った。また、ウソと陰謀論の魔力が、それまでばらばらに存在していた、中絶反対派や銃規制反対派、保守系のキリスト教団体や陰謀論者を、トランプ信者として一つに束ねる求心力を果たし、共和党内において、トランプの支持基盤を堅固にするというアドバンテージをもたらした。

さらに、連邦議事堂襲撃では暴力沙汰はなかった、あるいは、左翼集団がやった、と言い換えることで、その犯罪性を希釈し、責任を転嫁することに成功した。連邦議事堂襲撃で、死傷者が出たことは紛れもない事実であるのに、それをでっち上げと決めつけることで、連邦議事堂襲撃の深刻さを証明する責任を相手側にすげ替えたのだ。

トランプ信者に対する、こうした心理的な影響を無視することはできない。もともとトランプ以外の政治家の言葉に懐疑的であった人びとは、それまで事実だとマスコミなどで伝えられてきたことが、事実でないかもしれない可能性を示唆されるだけで、その考えに飛びつく。疑念が生まれると、その疑念が水紋のようにじわじわと広がっていき、事実とウソの境界線がついには崩壊する。

トランプは自分の発言を、本当だと証明しない。トランプ自身が証明できないことを知っており、証明するつもりもないからだ。ウソを証明するのは、敵対する陣営の仕事だとして放棄している。だから、何度、事実確認《ファクトチェック》で、間違いを指摘されようとも平気なのだ（『歴史修正主義』）。

その意味で、トランプのウソはその政治生命を救った、ともいえる。

大統領として復活する日

トランプの弁護団にまつわる後日談を少し語っておこう。

トランプ弁護団を率いた「世界の市長」と呼ばれた、ルディ・ジュリアーニはその後、トランプの顧問弁護士を解任される。

だが、ジュリアーニはトランプ政権時に担当した《ウクライナ疑惑》で、当時の駐ウクライナ大使の解任をウクライナ政府と図り、それをトランプに働きかけた容疑で、連邦検察から起訴される。

さらに、トランプの選挙に不正があったという虚偽の発言を繰り返してきたとして、ニューヨーク州と首都ワシントンＤＣで、弁護士資格を停止されている。

ジュリアーニは、１日２万ドルの報酬をトランプに求めていた。しかし、不正選挙に関わる裁判で連戦連敗を喫したことに不満を抱いたトランプからは１セントの支払いもなく、ジュリアーニは、自分自身の裁判費用などがかさみ破産寸前に追い込まれた。

選挙直後の記者会見で、ヒョウ柄のカーディガンを着たシドニー・パウエルが、ドミニオン社の集計機が外部から操作され、トランプ票がバイデン票に書き換えられたという陰謀論を披露して、その後も同じ主張を繰り返した。

ドミニオン社は、パウエルらの主張は事実に反するとして、13億ドルの賠償金を求める名誉毀損裁判を起こした。それに対し、パウエル側は「分別のある人なら私の話したことを鵜呑みにしないはずだ」と反論している。つまり、パウエルが話したデタラメを信じた人がいたとしたら、それは信じたほうが悪いという法廷戦略を取っている。

新装した〝トランプ列車〟は、２０２４年の大統領選挙に向けて走り始めた。トランプの鉄板支持者をもってすれば、共和党の予備選挙を勝ち上がることは難しいことではない。しかし、鉄板支持者の4700万人だけでは、バイデンが獲得した8100万超の得票数には遠く及ばない。

トランプが24年、再び大統領の座を勝ち得るには、先の選挙でもキャスティングボートを握った、郊外に住む無党派の有権者や、民主党右派と呼ばれる人たちをどれだけ取り込めるのかがカギを握る。要するに、トランプが大統領として復活する危険性はまだ残っている。

民主主義を守るには

私は、1年かけて戦後の日本が民主主義のお手本としてきたアメリカで、その民主主義が崩壊の危機に直面する軌跡を追いかけてきた。

いったん、勢いがついた〝トランプ列車〟は結局、だれにも止めることができず、大きな事故を起こした後でも甦《よみがえ》ろうとしている。

民主主義を守るには、その土台となる選挙で、1人でも多くの人が投票を通して意思表示をし、政治家の独走を許さないことが不可欠だ。

言い尽くされてきた言葉だが、しかし、言うは易《やす》く行うは難《かた》し、である。

日本での2021年の衆議院選挙の投票率は、55％台にとどまり、戦後3番目に低かった。

今回の衆議院選挙では、国民が問いかける論点は数多くあったはずだ。新型コロナの対策や新型コロナ禍での五輪の強行、モリカケ問題や桜を見る会といった個別の論点から、社会保障や経済政策、外交問題まで。しかし、4割以上の有権者が、投票する権利を放棄した。

トランプの再選を阻んだものは、アメリカで120年ぶりとなる66％という高投票率だった。トランプ自身も、16年の得票数から1300万票を積み上げ7400万票超を取り、再選を狙う大統領としては最高得票数となった。しかし、トランプ再選を恐れた人びとが、ジョー・バイデンに投票したため、バイデンは8100万票以上を獲得して、トランプの再選への夢を打ち砕いた。

トランプは16年、選挙で選ばれて大統領になった。入り口は民主的だった。しかし、トランプが大統領だった4年間を見ても分かるように、いったんこうした扇動政治家《デマゴーグ》が政治の頂点まで上り詰めると、その暴君が民主主義を破壊するのを食い止める手段は限られている。いずれの民主主義国家も、こうした独裁者が政権をとることを前提として作られていないからだ。

ならば、暴君になりそうな政治家を、事前に見分ける方法はあるのか。

民主主義の脆弱性を説いた『民主主義の死に方』は、以下の4点の特徴がある政治家には要注意だと説く。

1. 民主主義のルールを否定・軽視する。
2. 政治的な対立相手の正当性を否定する。
3. 暴力を許容・促進する。
4. メディアを含む対立相手の市民的な自由を率先して奪おうとする。

トランプは4つの条件すべてを満たすが、日本の政界でも、似たような傾向を持つ政治家は少なくない。

民主主義においては、国民が常に政治に注意を払い、投票で声を上げる以外、政治の暴走を食い止めることはできない。政治がいったん暴走を始めて加速度がつくと、それを止めるのは難しくなる。トランプ現象を取材し終わった今、民主主義を国家のアイデンティティに据えてきた戦後の日本にとって、国民一人ひとりに民主主義を守るという気概が求められている。

あとがき

この本を書くことは、事実確認《ファクトチェック》との闘いだった。

トランプがつくウソだけを事実確認《ファクトチェック》したわけではない。トランプに不利となるような記述であっても、それが事実にもとづいているのかどうかを判断した。

私が第３章でトランプの生い立ちについて書いていた時、ある情報を書き加えるべきかどうかで悩んだ。

トランプの父親であるフレッド・トランプは、彼の母親と一緒に建設会社を設立した１９２７年６月、ニューヨーク市クイーンズで、ＫＫＫ《クー・クラックス・クラン》の暴動に絡んで逮捕されていた。

これは、データベース化される前のニューヨーク・タイムズ紙の記事の中から、ネット企業が２０１５年に発掘して明るみに出た新事実だった。

１０００人のＫＫＫの団員が１００人ほどの警官と衝突した。

警察はその際、7人を逮捕した。そのうちの1人がフレッド・トランプだった。記事には、逮捕者の名前と一緒に住所も記載してあった。フレッド・トランプが、500ドルの保釈金を払って、すぐ釈放されていることも書いてある。

しかし、これだけでは、フレッド・トランプがKKKの団員だ、と断言することはできない。ただの野次馬だったのに逮捕されたり、誤認逮捕という可能性も捨てきれなかったからだ。当時の警察の記録も残っていないとするのなら、真相は藪《やぶ》の中だ。よって、私は、フレッド・トランプがKKKの団員として逮捕されたと書いた箇所を、削除した。

この本の主役ともいえるトランプが、呼吸をするようにウソをつくからといって、私自身の事実を判断する選球眼までも曇らせてしまっては、トランプがウソをつくことを容認することにもなりかねない。

取材で聞いた話の内容も、事実確認《ファクトチェック》して、正しいものはそのまま記載し、事実に反するものは極力その旨を書き添えた。

たとえば、私がミシガン共和党でボランティアとして戸別訪問した際、

《黒人の命も大事《ブラック・ライブズ・マター》》の立て看板を掲げた家からビーグル犬と一緒に出てきた白人男性が以下のように語っている。

「トランプは史上最悪の大統領だな。オレに調査権があるなら、トランプがゴルフに使った税金から調査を始める。これまで1億5000万ドル近く使っているはずだ。しかも、できるだけ自分の所有するゴルフ場やホテルを使おうとする。つまり、トランプがゴルフをするたびに、オレたちの税金がトランプ所有のゴルフ場や不動産を経由してトランプの懐に入るって仕組みだ」

この発言に出てくる、約1億5000万ドルという数字や、税金がトランプの懐に還流する仕組みについては、信頼できるニュースソースで裏付けを取ってから記載している。

アメリカ大統領選挙を取材して本を書くというのは、私の長年の希望だった。私の最初の著書となる『アメリカ「対日感情」紀行』を書いて以来、ずっと温めてきた企画だった。それが2020年の大統領選挙でかなったのは、トランプという強烈で異端な個性の持ち主が、再選を目指して選挙戦を闘うために注目度が高かったという要素が大きかった。

アメリカ大統領選挙の本を書きたいという案に最初に乗ってくれたのは、「週刊ポスト」の副編集長である酒井裕玄氏である。前著『潜入ルポ　amazon帝国』を出版した後、東京駅近くの喫茶店で私がこの話を切り出すと、「おもしろいですね。ぜひやりましょう」と快諾してくれた。

それとほぼ同じタイミングで、この企画に賛同してくれる人たちが現れた。「スローニュース」の代表取締役社長である瀬尾傑《まさる》氏と同社の谷村友也氏である。私のアメリカでの取材を支援してくれるというのだ。加えて、大統領選挙のレポートを掲載する媒体を探してくれた。新潮社の「フォーサイト」である。実際、「フォーサイト」には、この本の土台となる22本の記事を掲載してもらった。

私がアメリカに出発する直前、新橋の居酒屋で開かれた壮行会には、「フォーサイト」の編集長である内木場重人《うちこばしげと》氏と「スローニュース」の谷村友也氏、「週刊ポスト」の酒井裕玄氏の3氏が集まってくれた。今までにはなかった組み合わせで、いったいどのような記事や本ができるのだろうか、と語り合った。

話し合いは、それだけにとどまらなかった。

私がアメリカに渡った後も、谷村友也氏が音頭を取って、月に一度、4人がZoom会議で顔を合わせた。アメリカでたった1人で取材し、執筆していると行き詰まることも多いのだが、月1回のZoom会議で、いろいろな知恵や着想をもらった。

一番大きかったのは、当初、この取材は11月の大統領選挙の投票日までで打ち切ろうと思っていたのだが、9月のZoom会議で、大統領の就任式まで見届けてはどうか、という話が出たことだった。

敗戦が濃厚となってきたトランプが本当に負ければ、やすやすと敗北宣言を出すとは考えられなかった。敗者からの敗北宣言なしに、どうやってアメリカは大統領選挙に決着をつけるというのか。そもそも、半年も前から郵便投票による不正選挙という陰謀論を広めていたトランプは、どうやって事を収めるつもりなのか。果たして何が起こるのか。その時点では、まったく想像がつかなかった。

だからこそ、最後まで見届けてみよう、という判断は正しかった。2020年のアメリカ大統領選挙は、11月の選挙日の後から連邦議事堂襲撃事件までの2カ月間に、その本質と真相が凝縮されていた。その連邦議事堂襲撃を〝最前列〟で取材することができ、戒厳令が敷かれたワシントンＤＣで異例の大統領就任式が取材できたことは、私にとって大きな財産となった。

ここに名前を挙げた４人の方々だけでなく、多くの人たちがこの取材を支えてくれたことに感謝したい。加えて、アメリカで、異国からのフリーランスのジャーナリストである私に胸襟を開き、多くのことを語ってくれたアメリカの有権者に感謝したい。最後に、１年以上、家を空け、アメリカに移り住んで取材するという話に、一も二もなく賛同してくれた妻に深い感謝を捧げる。

横田増生

２０２２年１月

新章

兵庫県知事選「斎藤応援団」に密着1カ月

ネットで〝真実〟に覚醒

マスコミが午後8時に当選確実を打つと、斎藤元彦事務所前に詰めかけた群衆からは「やったぞー!」、「当確だ!」という声とともに、「サイトゥ! サイトゥ! サイトゥ!」というコールが沸き起こった。支援者の中には、感極まって涙ぐむ人もいた。まさかの、〝ゼロ打ち〟に支持者は興奮した。

斎藤コールの間に、「マスコミの負けや!」、「(マスコミは斎藤に)謝れ!」という声も挟まった。「マスコミは、ざまあみろだ!」と口にした50代の男性と一緒にいた女性は、スマホで「NHKから国民を守る党」の党首で、今回の知事選に斎藤を応援するために立候補した立花孝志の動画を食い入るように見つめていた。

斎藤が勝利宣言をしたのは午後10時前のこと。支持者たちは、スマートフォンを高く掲げ、この歴史的瞬間を動画や写真で記録しようとしていた。その様子は、10日ほど前にトランプが勝利宣言した時の光景と合わせ鏡のようだった。

斎藤支持者が抱く既存のメディアに対する敵愾心《てきがいしん》は、私がアメリカ大統領選挙を取材した折に接した〝トランプ信者〟と酷似していた。

トランプが20年の選挙で負けた後も、「トランプの勝利を110％信じる」と言っていたミシガン州に住むマイク・ピニュースキー（52）は、「この選挙は民主党と中国共産党によって盗まれたんだ。両者がグルになって、アメリカの行く手を阻んでいるのは明らかだ」と主張した。どこでそうした情報を得たのか、と訊けば、「ユーチューブやフェイスブックを探せば、いくらでも情報は見つかる」と答えた。彼にとって、トランプを貶める報道をする新聞やテレビは、「フェイクニュース」でしかなかった。

そうしたパラレルワールドが、日本でも展開されるのか見極めたい。そう思い、選挙戦の前から神戸に入り、投開票日まで斎藤支持者を追いかけた。

私が斎藤にインタビューするため事務所を訪れたのは、告示日の数日前。為書きや胡《こ》蝶蘭《ちょうらん》といった選挙事務所につきものの装飾品は一切なく、折り畳みの事務机とパイプ椅子があるだけの殺風景な事務所で、斎藤と一対一で向き合った。その時点で、斎藤の勝利を予測できたものは一人もいなかったはずだ。

選挙戦が始まる前、政党や団体の支援がなく孤立無援で戦う斎藤が選挙で勝つことがあるとすれば、都知事選で善戦した石丸伸二のようなネットを使った空中戦に頼るしかないだろう、と私は考えていた。インタビューでそう尋ねると、斎藤はこう答えた。

「もちろん、X（旧ツイッター）やインスタグラム、ユーチューブも使っていきます。確かに、石丸さんの選挙戦はすごいと思いますが、私はSNSよりも、街頭演説の中で、一人でも多くの県民に直接訴えていきたいと思っています」

選挙が始まる前の時点の斎藤は、ネット戦略に積極的ではないことが強く印象に残った。

その斎藤が、ネットが持つ威力に気が付き始めた、と感じたのは、選挙戦中盤のこと。演説でこう言い始めた。

「メディアの報道は本当に正しいのかどうか。県民の皆さんがご自身でネットやユーチューブを見て調べて判断している。何が正しいのか、何が真実かを、一人ひとりが判断されています」

こう言って、既存メディアの報道に疑問を投げかけ、あたかも〝真実〟はネット上にあるかのような発言が増え始めた。

多くの斎藤支持者は、告発文書問題が勃発した当初は、斎藤を悪者だとみなしていたが、その後、ネットの情報を通して〝真実〟に気付いた人々だった。それを機に、熱烈な斎藤支持者に転じていく。支持者一人ひとりにとっても、ネットを通して〝真実〟を再発見していく〝覚醒の物語〟でもあった。

メディアは一切信用しない

告示日の出陣式に斎藤の演説を聞きに来た神戸市在住の会社経営者の内山淑登《よしと》（51）は、こう語る。

「最初のころはテレビが報道する、パワハラやおねだりを鵜呑みにして、斎藤って最悪な奴やな、と思っていました。けれど、全国ネットのテレビまでが斎藤さんを叩くようになって、集団いじめのようになってきた。テレビがここまで叩くのはおかしいな、と思って調べだしたんです」

Xやフェイスブックで調べてみると、斎藤が失脚した〝本当の理由〟が次々に見つかった。百条委員会が結論を出す前に、不信任決議案を可決した裏には、1000億円かかるといわれる県庁舎の建て替えにストップをかけたり、70歳までだった県職員OBの天下りを65歳に引き下げた政策があることを知った。

さらに、百条委で斎藤を責め立てた県議たちのXの投稿を追うと、「えげつない」ほど斎藤を攻撃していることを知り、その反発心から斎藤を応援する気持ちが芽生えてきた。

内山の主な情報源はネットであり、新聞は購読しておらず、「テレビは1ミリたりとも信用していない」。

神戸市に住む高田会里香《えりか》（54）は、公示日直後に期日前投票で斎藤に投票した後、5回以上も街頭演説を聞いている。「斎藤さんほどピュアで、クリーンな人はいません。何度話を聞いても感動するんです」と言う。

「メディアは一切信用していません。テレビは見ませんし、新聞も取っていません。メディアが一斉にだれかを攻撃するときは必ずウソがある、と思っています。結局、斎藤さんは利権に切り込んでいったから足を引っ張られたんです。だれが利権側かですか？　県のOBや井戸（敏三・前知事）派の職員たち、県庁舎の建設で儲かるはずだった土建屋とかですかね。そうした思いの裏には、私自身が結構な税金を払っているのに、あまり恩恵を受けていないという不満があります。それに、立花さんなどのユーチューブを見て、〝真実〟

を知るようになり、いろんなことが納得できました」（高田）

この選挙戦で、元県民局長の私的な醜聞と自殺を結び付ける陰謀論を展開したのが、立花孝志だ。立花は、元県民局長が公用パソコンの中身を暴露されるのが怖くて、自殺した可能性が高い、と街頭演説で繰り返し語ることで、斎藤を援護してきた。

斎藤の出陣式の直後に、同じ場所に立花が現れたときは、聴衆から、タチバナコールとともに、「正義の味方！」という掛け声までかかった。立花は何度も斎藤の演説の前後を付いて回り、真偽不明の言説を撒き散らした。それをＳＮＳでも拡散した。

ここで一つ重要なことがある。

元県民局長のプライベートな事柄については、取材している記者の大半が知っていたが、テレビや新聞、主要な雑誌が報じることはまずない。しかし、それは斎藤支持者が主張するように、「メディアが真実を隠蔽《いんぺい》している」からではない。

現時点で、元県民局長のプライベートな問題と自殺には直接的な因果関係は認められない。私的な醜聞情報には、報道が満たすべき公共性と公益性、真実性が欠如している。だから、主要メディアは報じないのだ。

私的な問題以上に大切なことは、県の最高権力者である斎藤が公益通報者保護法に反する可能性がある告発者探しをした過程で、元県民局長が自殺とみられる死を遂げたことだ。斎藤自身は立花との直接的な関係を否定する。「いろんな人がいろんな考えを持って選挙戦に挑んでいる。人は人。自分は自分だ」と先のインタビューで答えている。

しかし、立花の参戦が斎藤にプラスに働いたことは間違いない。

加古川市に住む高見充（52）は、当初、稲村和美に投票しようと思っていたが、立花の参戦で斎藤支持に変わった。

「立花さんのユーチューブを見て、テレビがウソをついていたことが分かりました。自分がどれだけ洗脳されていたかに気付いたんです。立花さんが立候補していなかったら、稲村さんに入れていました。立花さんは5～6年前からずっとフォローしていて、100％信用しています」

不憫で仕方がない

終盤では数百人から1000人近い聴衆を集めた斎藤陣営の選挙戦は、ボランティアに支えられた手作り選挙だった。

明石市で自営業を営む五条祐介（アカウント名＝65）は、一からボランティア組織を束ね上げた。

「全国に約2900人のボランティアがいて、そのうち県内には約500人がいます。それとは別にデジタル班といって、ネット戦略を請け負う人たちが約400人います。個人献金者も3500人を超えました。私を含め、全員が手弁当です。選対本部とボランティアは別組織なので、ボランティア活動にお金は動きません。よくプロの選挙プランナーがついているなどというウワサがネット上に出ていますが、それは事実と異なります」

ボランティアの一人である神戸市在住の檜垣淳子（60）は、相生市の街頭演説に、車を運転して駆け付けた。

「地元に住む両親に斎藤さんの演説を聞いてもらいたい一心で2時間近く車を運転して来ました。5000円以上かかる高速道路の料金は自腹です」（檜垣）

ネット部隊を統括し〈祖品〉というアカウントで活動する大阪在住の男性（45）は、「僕はボランティアですらないんです。斎藤さんのファンに過ぎないんです」と言う。本名を明かせないのは、Xに「殺すぞ」という脅迫のメッセージが何度も届いており、身の危険を感じているからだ。

祖品のXのフォロワー数は、知事選の告示前が3000人台で、投開票日でも9000人台にとどまる。斎藤支持者の間では、「祖品さん」と呼ばれる有名人だが、強力なインフルエンサーというにはほど遠い。

その祖品が率いる部隊には10人ほどの腕利きの動画編集者がいるが、いずれも「手弁当だ」と言う。その編集者たちが作った動画を、Xやティックトック、インスタグラムに上げ、フォロワーが拡散を繰り返し、大きなうねりを生み出した。

斎藤の街頭演説を1日も欠かさず、ライブ配信したのは、〈ふくまろネットニュースチャンネル〉を運営する金子浩樹(43)だ。

埼玉県から車で駆け付けたユーチューバーで、選挙期間中は自費で車中泊やマンガ喫茶に寝泊まりしながら、斎藤を追い続けた。

「都知事選では石丸伸二さんを追いかけ、衆議院選挙では、日本保守党の百田(尚樹)さんを追いかけました。今回、斎藤さんを追いかけようと思ったきっかけは、高須クリニックの高須（克弥）院長の『斎藤氏を支持する』という投稿でした。そこから調べていくと、斎藤さんが大手のメディアにはめられたことが分かり、不憫《ふびん》で仕方がない、と思ったからです。斎藤さんを応援したいという思いからライブ配信を始めました」

果たして収支は合うのか。

「石丸さんのときは100万円の赤字となり、百田さんのときはトントンでした。今回は、どうにか収支が合いそうです」

私が取材した限りでは、斎藤陣営が聴衆に動員をかけたり、支援者に不正なお金を支払っているという証拠は見つからなかった。すべてが自然発生的に湧き起こったものだった。

ディープステイトと戦う

県知事選挙の間、アメリカから、トランプが大統領に再選した、というニュースが飛び込んできた。しかも、当初、予想されていた僅差による勝利ではなく、圧勝に終わった。目の前で繰り広げられる知事選と二重写しになった。

宍粟《しそう》市に住む松並美陽《はるよ》（62）は、斎藤支持者であるとともに、4年前にトランプが大統領選挙に落選して以来、トランプを応援している。

「トランプを4年間見てきたので、今回の斎藤さんの一連の出来事が起こったときも、すぐにつながりました。正しいのは斎藤さんなんだ、って。トランプがディープステイト（闇の政府）と戦っていたのと同様に、斎藤さんも既得権益側と戦って潰されかかったんです」

明石市に住み、ネットショップを運営している田村恵子（65）は、マスコミのことを躊躇なく「マスゴミ」と呼ぶ。

「文書問題なんて、マスゴミが勝手に捏造しただけなんです。そんな事実は一切ない。元県民局長が亡くなった理由についても、斎藤さんのせいだって、最初はマスゴミに騙されていたんです。それが分かってからテレビのコンセントを抜きました。新聞は取っていません。毎日、ネットで情報を収集しています」

そんな田村も、日米政府がディープステイトの攻撃を受けていると信じている。

穏健派とみられる高齢者も斎藤支持に回った側面も見逃せない。

相生市に住む会社経営者の福田勉（80）は、兵庫県にある報徳学園にゆかりがある江戸時代後期の農政家である二宮金次郎（尊徳）になぞらえ、「斎藤さんは令和の二宮金次郎だ」

と語る。

「金次郎は、故郷の小田原藩主に農政改革の手腕を見込まれ、下野国の桜町（現在の栃木県真岡市）の財政を立て直すために派遣されるんです。けれど、金次郎に抵抗する地元の藩士にさんざん邪魔されました。それでも金次郎は約10年かけて、財政を立て直し、地元の人々に大いに感謝されるんです。その姿は、兵庫の財政を立て直そうとしたために、足を引っ張られることになった斎藤さんとそっくりです。金次郎が最後には、地元の村民に支持されたように、今回も斎藤さんが勝利するでしょう」

こうした様々な人たちが支持した結果が、今回、斎藤元彦に勝利をもたらした。斎藤現象の背景には、多様な人たちのそれぞれの思いがひしめいていた。

主な参考文献

日本語の文献
『大統領の陰謀』　カール・バーンスタイン　ボブ・ウッドワード　常盤新平訳　文春文庫　1980年11月
『トランプ自伝』　ドナルド・トランプほか　相原真理子訳　ちくま文庫　2008年2月
『大統領選からアメリカを知るための57章』　越智道雄　明石書店　2012年4月
『反知性主義』　森本あんり　新潮選書　2015年2月
『パラノイア合衆国』　ジェシー・ウォーカー　鍛原多恵子訳　河出書房新社　2015年8月
『熱狂の王　ドナルド・トランプ』　マイケル・ダントニオ　高取芳彦・吉川南訳　クロスメディア・パブリッシング　2016年10月
『トランプ』　ワシントン・ポスト取材班ほか　野中香方子ほか訳　文藝春秋　2016年10月
『ポピュリズムとは何か』　水島治郎　中公新書　2016年12月
『総力取材！　トランプ政権と日本』　NHK取材班　NHK出版新書　2017年1月

『ルポ　トランプ王国』金成隆一　岩波新書　2017年2月
『ヒルビリー・エレジー』J・D・ヴァンス　関根光宏・山田文訳　光文社　2017年3月
『炎と怒り』マイケル・ウォルフ　早川書房　関根光宏・藤田美菜子ほか訳　2018年2月
『WHAT HAPPENED　何が起きたのか？』ヒラリー・ロダム・クリントン　高山祥子訳　光文社　2018年7月
『より高き忠誠』ジェームズ・コミー　光文社　藤田美菜子・江戸伸禎訳　2018年8月
『民主主義の死に方』スティーブン・レビツキー　ダニエル・ジブラット　濱野大道訳　新潮社　2018年9月
『記者、ラストベルトに住む』金成隆一　朝日新聞出版　2018年10月
『FEAR　恐怖の男』ボブ・ウッドワード　伏見威蕃訳　日本経済新聞出版社　2018年11月
『リバタリアニズム』渡辺靖　中公新書　2019年1月
『ファンタジーランド』カート・アンダーセン　山田美明・山田文訳　東洋経済新報社　2019年1月
『白人ナショナリズム』渡辺靖　中公新書　2020年5月

『世界で最も危険な男』　メアリー・トランプ　草野香・菊池由美ほか訳　小学館　２０２０年９月
『ルポ　トランプ王国２』　金成隆一　岩波新書　２０１９年９月
『民主主義とは何か』　宇野重規　講談社現代新書　２０２０年10月
『民主体制の崩壊』　ファン・リンス　横田正顕訳　岩波文庫　２０２０年11月
『ＲＡＧＥ　怒り』　ボブ・ウッドワード　伏見威蕃訳　日本経済新聞出版　２０２０年12月
『不寛容論』　森本あんり　新潮選書　２０２０年12月
『分断のアメリカ』　日本経済新聞社編　日本経済新聞出版　２０２０年12月
『分極社会アメリカ』　朝日新聞取材班　朝日新書　２０２１年１月
『バイデンの光と影』　エヴァン・オスノス　矢口誠訳　扶桑社　２０２１年５月
『ホワイト・フラジリティ』　ロビン・ディアンジェロ　貴堂嘉之監訳　明石書店　２０２１年６月
『最悪の予感』　マイケル・ルイス　中山宥訳　早川書房　２０２１年７月
『歴史修正主義』　武井彩佳　中公新書　２０２１年10月

英語の文献

"Battle for the Soul" Edward-Isaac Dovere　Viking　２０２１年5月
"Frankly, We Did Win This Election" Michael C. Bender　Twelve　２０２１年7月
"Landslide" Michael Wolff　Henry Holt and Co.　２０２１年7月
"I Alone Can Fix It" Carol Leonnig ほか　Penguin Press　２０２１年7月
"Peril" Bob Woodward ほか　Simon & Schuster　２０２１年9月
"Betrayal" Jonathan Karl　Dutton　２０２１年11月
"The Chief's Chief" Mark Meadows　All Seasons Press　２０２１年12月

新聞記事と雑誌記事については、ニューヨーク・タイムズ紙やワシントン・ポスト紙、アトランティック誌、ニューズウィーク誌といったアメリカメディアだけでなく、朝日新聞や日本経済新聞など、数多く参照した。テレビ報道に関しては、ＣＮＮやＦＯＸニュース、ＰＢＳなどの映像資料を参照した。記事や映像を引用する場合、極力文中に出典を明記するように心がけた。

本書は、２０２２年に刊行された『「トランプ信者」潜入一年』に加筆修正し、新書版序章と新章（初出：『週刊ポスト』２０２４年12月6日・13日号）を加えたものです。